コロナ時代をチャンスに変える

新しい仕事術

中谷彰宏

AKIHIRO NAKATANI

リベラル社

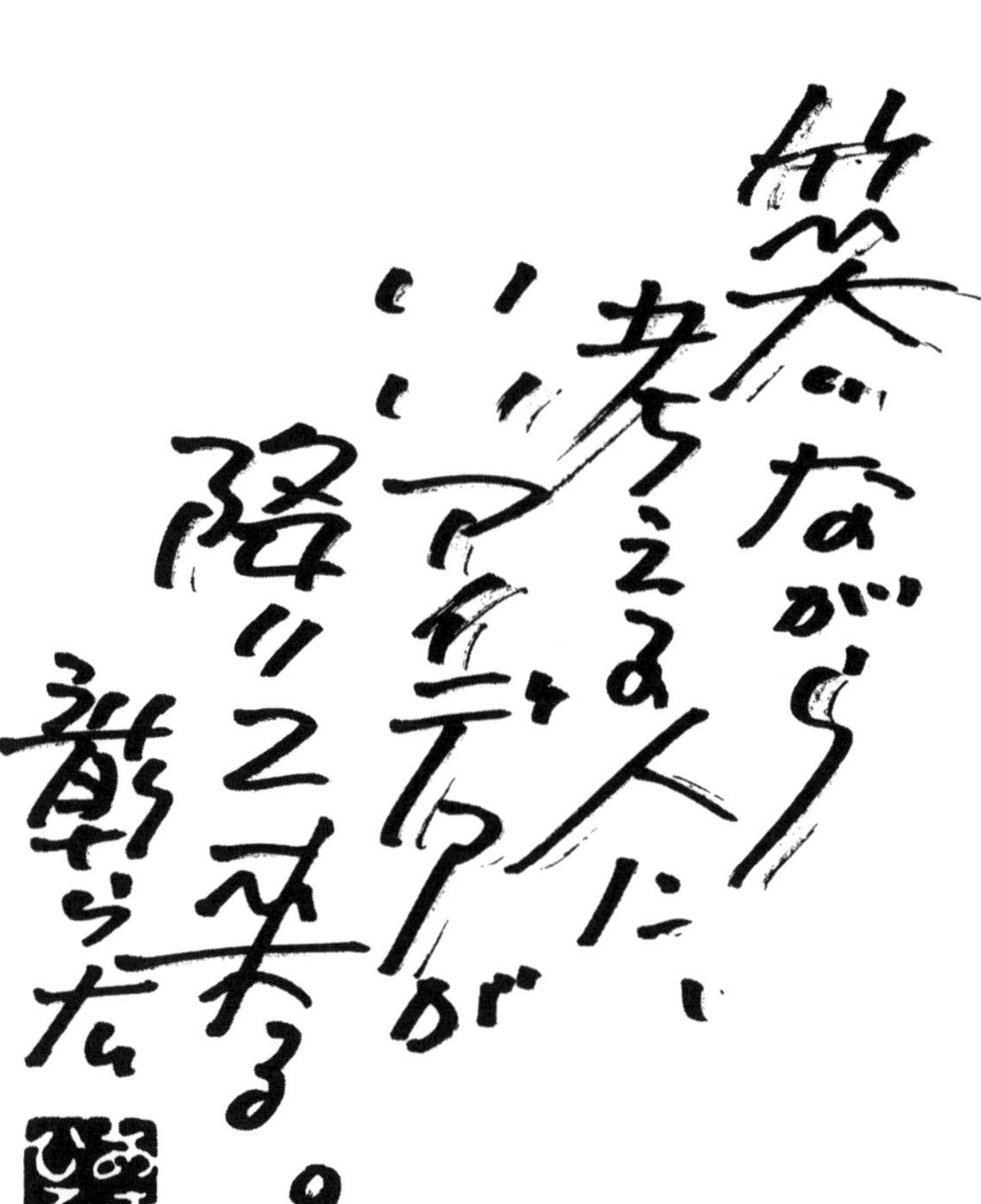
笑いながら
考える人に
アイデアが
降りて来る。

この本は、3人のために書きました。

1 新しい日常で、不安な人。

2 リモートワークが、苦手な人。

3 このピンチを、チャンスにしたい人。

まえがき

01 「いつ終わる」と考えない。「新しい時代」が始まったのだ。

「いつ終息するんですか」という質問を、よく受けます。

それは考えなくていいのです。

「いつ終わる」と考えることで、すでに「待つ」という受け身になっています。

感覚としては、「これが終わって元の世の中に戻る」と思っているのです。

そうではありません。

新しい時代が、すでに始まっているのです。

これは大きな違いです。

用意、スタート、パーンの「パーン」が聞こえている人と聞こえていない人とにわかれます。

「いつ終わるんでしょうね」と言っている人は、「いつ前のように戻るんでしょうね」と言っているのです。

これが終わって以前のような生活に戻ることをイメージしています。前の生活に戻ることはないのです。

これと似た現象が明治維新の時にもありました。

明治維新が始まって最初の10年間は、「大政奉還で何かしたようだけど、そのうちまた武士の時代に戻るに違いない」と思っていた武士が大勢いました。彼らを西郷隆盛が率いて西南の役になったのです。

一方で、海外を見てきた連中がいます。

日本は江戸時代の間に、世界の中で260年間、時間が止まっていました。すぐになんとかしないといけない状況です。

攘夷(じょうい)とか、ちょんまげとか言っている場合ではないのです。

海外に行った連中は、世界の時間が進んでいる間に自分たちの時計が止まっていたことに初めて気づきました。

ここで差がつくのです。

今も同じです。

「これが終わったら前のように戻るんじゃないか」と期待している「ちょんまげ」の人がまだいるのです。

前の生活には戻りません。

今の状況を楽しんだ者勝ちです。

やっと遅れを取り戻したのです。

コロナによって、敗者復活のチャンスが来たのです。

敗者復活のチャンスを、活かさないのは、もったいないのです。

政府を頼ろうとしても、政府はまだ「ちょんまげ」です。

保健所は、メールで送ったものを手書きで書き直してファクスで送っていました。

日本は何十年も前から「ＩＴ立国」と言いながら、いつの間にか何周遅れの国になっていたのです。

ＩＴ革命は国が起こすのではなく、自分の中で起こします。
自分の中で新しい時代が始まったことに気づけるかどうかです。
社会の意識革命を待っていたのでは間に合いません。
自分の意識が変わることによって、社会の見え方が変わってきます。
これが大きいのです。
社会を変えようということではありません。
自分の意識を変えれば、社会の変わってきたところに気づきます。
「あの会社は、もうこんな取り組みをしている」と思えるのです。
自分の意識が変わっていないと、世の中の遅れているところばかり目につきます。
「みんなは、まだこうしている」としか思えなくなるのです。
世の中は、「遅れている部分」と「進んでいる部分」があります。
進んでいる部分から置いてきぼりにならないように頑張るのです。
これがその人の時間感覚です。

遅れている人を見るのではなく、進んでいる人を見ておくことです。

「元へ戻ることを期待する」という感覚が、すでに違うのです。

新しい時代の生き抜き方 01

元に戻ることを、
待たないで始める。

新しい時代の生き抜き方

コロナ時代をチャンスに変える 新しい仕事術

——もくじ

第1章 リモート会話術

第2章

メンタル術

第3章

マナー術

第4章

時間術

第5章

仕事術

第6章 コミュニケーション術

第7章 勉強術

第1章

リモート会話術

02 笑顔で考える人に、アイデアと人が集まる。

リモートで、初めて相手の顔を意識するようになりました。

そうなると、リアクションの表情がある人とない人に大きな差を感じます。

リアクションの表情の中でも、「真顔の人」と「笑顔の人」とにわかれます。

リモート会議になって一番変わったのは、お互いの顔を見ながら話をすることです。

通常、会議は警視庁の捜査会議のように机が並んでいて、参加者は自分の前に座る人たちのうしろ姿を見ていました。

研修課の人が、リモート研修でよくなったのは、今まで背中しか見ていなかった人たちの1人ひとりの表情が見えるようになったことだと言います。

人生で研修をしている時は、それほど相手の顔を見ていませんでした。

話している側はホワイトボードを見て、聞いている側はノートや企画書を見ていることが多かったからです。


真剣に考えている人は、笑顔でなくなることが多いのです。

普通は、真剣に考えると眉間にシワが寄ります。

真顔になって、笑顔をつくる余裕がなくなります。

たとえば、会議で上司から部下、売り手からお客様を見た時に、相手に笑顔がなくなると話しにくいです。

それではコミュニケーションが成り立ちません。

「相手は不機嫌なんだろうか」「話が通じていない？」「怒らせたかな？」という不安が湧いてきます。

ムスッとして聞いている人からどうしても目をそらしたくなります。

笑顔で聞いている人に、つい目線を合わせます。

これは生のセミナーをする時でもまったく同じです。

新しい時代の生き抜き方 02

笑顔で、考えよう。

講演でどうしても笑顔の人に目が行くのと同じように、リモートでも表情が大切になることがわかってきたのです。

講演でも、笑顔でない人は心配になります。

真剣に聞いているかはわからなくても、笑顔の人には自然と目が行ってしまいます。

私がオンラインの授業をする時に、90分間ずっと笑顔の人がいます。

考えているかどうかより、笑顔かどうかが勝負です。

リモートの時代になった時に大切なことは、笑顔で考える習慣を持つことです。

それは損です。

ミーティングに参加して、真剣に聞いていても、笑顔でない人は、話し手が目をそらしてしまいます。

真顔でいるせいで、チャンスを逃す人がいるのです。

03 選手になるか、観客になるかを選ぶ。

リモートでの会話の仕方を覚えていかないと、仕事もプライベートもうまくいかなくなります。

生で会う時のやりとりと「同じところ」と「違うところ」があります。

生で対面している時よりリモートになったほうが、コミュニケーションが上手な人と下手な人との差がくっきりわかれます。

真ん中あたりがいないのです。

リモートでのコミュニケーションが「得意だな」という人と、「苦手だな」という人にわかれて、その格差が広がります。

リモートのやりとりが苦手になってしまうと、それ以外に１人での趣味や仕事など、

あらゆることでチャンスの選択肢が狭まってしまいます。

ここでチャンスを逃さないことが大切です。

リモートのコミュニケーションの得意な人と苦手な人との差は、スポーツの試合で言うと、「選手」か「観客」かの違いです。

「自発」か「受け身」かの差にわかれているということです。

リモートでも「積極的に参加している人」と、「ただ見ているだけの人」とにくっきりわかれるのです。

さらには、画面に映っている会議の様子を見ているので、リモート会議なのにTVを見ている気分になってしまう人がいます。

自分が今この会議に参加しているという意識がなくなってしまうのです。

プレーしている選手ではなく、見ている観客という意識です。

サッカー選手は、ベンチにいる時も、試合に出ている気分の選手と、ベンチにいる気分の選手とにわかれます。

監督からすると「今この選手はベンチにいるけど、最初の笛から一緒に走り回っている」とわかるので、その選手が指名されるようになります。

見ているだけでは、チャンスはつかめません。

つまらない意見でもいいから、発言していかないと、リモート会議でチャンスをつかむことはできないのです。

今までのような会議室では、この差はそれほどくっきり出ませんでした。

話し手が「○○さん、どう思う？」とフォローしてくれるので、その人が受け身でも発言しているような気がしたのです。

リアクションの声がどんなに大きくても、観客席から出している声はＮＧです。

積極的に参加していることが大切です。

常に選手になるのか観客になるのか、どちらを選ぶかが大切なのです。

新しい時代の生き抜き方　03

観客よりも、選手になろう。

04
リモートで、自発と受け身の差が開いた。

リモート会議になると、「この人は、こんなに無口だったかな」と思うことがあります。

リモートの会議は、観客で参加しようが選手で参加しようがどちらでもいいのです。

全員が選手でなければならないということはないのです。

ここがつらいところです。

私がホストをする時は、「この人は観客で来ている」と感じると観客で居続けさせてあげます。

時には、選手のつもりで参加している人が観客と見なされてしまうこともあります。

その人は選手扱いではなく、観客扱いで放置されます。

自分がホストをする時は、観客をムリヤリ選手に引きずり込むのはＮＧです。

Zoomには、ミーティングとウェビナーがあります。

ミーティングは、参加型です。

ウェビナーは、全員が観客型です。

ミーティングは、選手と観客が同時にいるのです。

全員が観客ならまだいいのですが、選手がいた時に観客はチャンスを受け取れません。

たとえば、Ａさんがリモートで参加して、選手として走り回りました。

面白いことに、その後、生の会議やセミナーをすると、Ａさんは以前より積極的になります。

こういうメリットがあるのです。

リモートで参加することで、今まで生の会議で消極的だった人が、積極的に、自発的に生まれかわれます。

この変化を生かすことです。

相手から指名してもらえるのは1つのチャンスです。
さらに、リモートによって、自分自身が受け身から自発に変わるチャンスが生まれたのです。

新しい時代の生き抜き方　04

リモートをキッカケに、自発に変わろう。

05 聞く人が、聞いてもらえる。

リモートでは、「発言のタイミングが、わからない」という人が多いです。

リモートで大切なことは、指名されなくても自分で入っていくことです。

アメリカの大学の授業は、大昔からリモートで行われています。

「何か意見がある人は？」と言われたら、さっと入る必要があります。

そのためには、入り方を覚えればいいのです。

運転免許で一番大切なポイントは、高速道路でスムーズに合流することです。

高速道路での合流をマスターした人が、車を運転できるのです。

それと同じように、リモート会議がうまくなるためには、自分が発言したい時にタイミングを壊さないでさっと入ることです。

苦手な人は、遠慮して入れません。

相手とぶつかってしまわないように一拍待つと、話が次に進んでしまったり、ほかの人が話し初めて自分が発言できないことが多くなります。

まずはリズムに乗ればいいのです。

リズムに乗るコツは、話を聞くことです。

今話していることを聞いていれば、自動的にリズムに乗れます。

話そうとしている人は、何を言おうかと考えていて、話を聞いていません。

脳のスイッチが、聞く側ではなく、考える側に入っているからです。

リズムに乗っていない人の話は、「エッ、今その話?」と驚くことが多いです。

前の話題のことをずっと考えていて、話題の変化に気づいていないのです。

コミュニケーションの9割は、話を聞くことです。

新しい時代の生き抜き方　05

聞くことで、リズムに乗ろう。

06
「会話に入れない」というのは、入り方を学んでいないだけだ。

コミュニケーションが苦手な人は、聞くのが苦手な人です。

男性でも、まじめな人や仕事ができる人に多いです。

「自分は意見があるから、これを相手に聞いてほしい」と、自分の意見の発表を優先するあまり、聞くのが苦手になってしまうことがあります。

そうすると、演説はできても会話はできなくなります。

これでチャンスを逃します。

「自分は口ベタなんです」と言う人は、聞くことに力を入れていけばいいのです。

口ベタで成功した人は、伊藤博文です。

伊藤博文は、松下村塾で学んでいました。

松下村塾の吉田松陰は、それまでの単に音読して暗記するという形だけでなく、みんなで1つのテーマについて議論することもありました。

そこには久坂玄瑞・高杉晋作・桂小五郎といった弁の立つ人ばかりがいました。

そんな中にいて、口ベタは出る幕がありません。

実際、伊藤博文は、長州ファイブで長州から密航という形でロンドンに留学した時に、外国では口ベタは損をすると思っていました。ところが、意外にも現地の先生の話を凄くよく聞いて、たくさんの知識を吸収してきました。

その後も、伊藤博文は人たらしで明治の時代をのらりくらりと乗り越えて総理大臣に4回もなっています。

伊藤博文は聞く力が、凄いのです。


自分の意見を聞いてもらえるかどうかは、いかに人の意見を聞けるかです。

これを学ぶのが、リモートで大切なことです。

「リモートでの話し方がわからないんです」「言っても聞いてもらえないんです」と言う人がいます。

聞いてもらうのではなく、まず自分が相手の言うことを聞こうとすることです。

勝とうとする人は、相手を上回る意見を言い、説得しようと思うので、話してばかりで聞く力がなくなってしまいます。

自分の話を聞いてもらった時に初めて、相手の話も聞こうと思えるのです。

新しい時代の生き抜き方　06

会話への入り方を、
自分で学ぼう。

07 リアクションのある人が、会話ができる。

リモートの会議で差がつくのは、リアクションの大きさです。

リモート会議では、ホストを安心させて、ハラハラさせないことです。

ホストの心配は、音声がきちんとつながること、画像が固まらないことの2つです。

「この参加者は、接続の不具合で自分の声が聞こえていないのではないか」と思うと心配になります。

その時、リアクションがないとわかりません。

「○○さん、こんにちは」と言った時に、「こんにちは、○○です」と返してもらえると、通じていることがわかります。

その人の音声が小さければ、「もうちょっとボリュームを上げて下さい」と言えます。

中には、**心の中で「聞こえています」と返事をする人がいます。**

それでは聞こえたのかどうかもわかりません。

途中でリアクションがなくて体がじーっとしている人は、「フリーズしちゃったかな」と心配になるのです。

そうすると、話の途中で「〇〇さん、フリーズしてない？　大丈夫ですか」と声をかけなければなりません。

これは話し手にとって凄いストレスになるので、まず入ってきた時に「こんにちは、〇〇です」と自分の名前を言います。

相手の話を聞いている間のリアクションとしては、うなずくという方法もあります。

その時、表情だけを動かすことはできません。

本人は動かしているつもりでも、表情だけ動かそうとするとほとんど動きません。

しかし体が動いていると、結果として表情も動きます。

結局、**素直に聞いていると動くのです。**

感情が反応するからです。

体は感情で動かします。

素直に聞いていると、体は勝手に動きます。

体が動くことで、ホストを安心させることができます。

あまり相づちを出しすぎると、うるさくなってしまいます。

1対1の時は、声を出したほうがいいです。

大勢が参加している時に全員が相づちで声を出すと、スタジアムになってしまいます。

相づちに逃げてしまうのはよくありません。

相づちよりも、自分の意見を返すことです。

縦のうなずき、「それは気づかなかった」と、びっくりした時に頭を抱えるアクションはいいです。

首をかしげたり、横に振るのは話し手に不安感を与えます。

ＴＶのひな壇の芸人さんたちは、ごく自然にしていて、一見うまさがわかりません。
よく見ると、してはいけない仕草をしていないことに気づきます。
何をしているかはわかっても、何をしていないかはわかりにくいのです。
それがＴＶのひな壇に出ているプロの芸人さんです。
リモートでは、芸人でもない一働き手にそのリアクションが求められるのです。

新しい時代の生き抜き方　07

リアクションしよう。

08

リモートは、大人のルール。大人のルールでは、指名をしてもらえない。

リモートの世界では指名をしてもらえません。

リモートによって、日本の会議の仕方は、ローカル・ルールから世界のルールに変わりました。

世界のルールで、指名される会議はありません。

実際は、指名されるのは日本のルールではなく、東京のルールです。

大阪は指名されません。

ＴＶには、東京局と大阪局があります。

東京局は「中谷さん、これについてどう思いますか」と聞かれる前に発言してはいけないというルールです。

大阪局は、「中谷さん、どう思いますか」という指名は一切ありません。

自分から入った人が話せます。

大阪ルールが、大人ルールです。

私は元々大阪のルールに慣れているので、東京でも指名される前に、会話のスキ間が心配で話したりします。

本来、指名される前に話してはいけないのです。

東京のルールで慣れている人が大阪の番組に行くと、発言ゼロで帰ってきます。

何も発言しないと、大阪の人からは、「あいつは交通費まで取って呼ばれているのに、ギャラ泥棒やな」と言われます。

「全然指名してくれない」と怒っても、ルールが違うのです。

ラグビーは、ボールを持つためには、自分でタックルして奪います。

敵側からボールを渡されることはありません。

それがリモートのコミュニケーションなのです。


リモートは、指名を待たずに発言する大阪のルールで進みます。

今までの会社の会議は、指名される前に発言するのはＮＧでした。

リモートでは指名がないので、自分から発言していくのが正しいマナーです。

指名を待っているのは間違ったマナーになります。


発言する人が自分から入っていくというのは、海外の大学や会議でも同じです。

講演に行くと、最後に「せっかくですので、中谷先生に何か質問ある人？」と言われることがあります。

私がちょうど山をつくって余韻で終わらせたのに、まじめな司会者が悪意なく言ってくれるのです。

「○○さん、どうですか」と聞くと、「特にありません」と言ったり、その近辺で当てられたら困る人が全員うつむきます。

「誰かありませんか」と聞いて誰も発言しないと、盛り下がった会の印象で終わってしまいます。

これが最もしてはいけないことです。

指名をするから、指名されるまで発言しないという受け身の態勢がつくり上げられたのです。

新しい時代は、自発でないと生きていけません。

受け身から自発の時代に変わったのです。

今までの社会では、自発は生きにくいのです。

「あいつはなんで当てられてもいないのに話してるんだ」と言われます。

これからの時代は、そのルールが大きく変わります。

それに気づくことでチャンスが生まれます。

今までは受け身が正しくても、新しい時代は自発でないと生きていけません。

そういうルールに日本も変わってしまいました。

リモートによって初めて、世界のルールに巻き込まれて、鎖国が終わったのです。

新しい時代の生き抜き方　08

指名を待たずに、発言しよう。

09

大人の会議に、質問タイムはない。

受け身から自発に変わることは、子どもから大人に変わることです。

大人の会議には、質問タイムはありません。

「質問はありますか」とは聞かれないということです。

よくセミナーで、アンケートに「質問タイムが欲しかった」と書いている人がいます。

それは、受け身の子どものルールに慣れているからです。

日本はセミナーの最後に質疑応答の時間があります。

この形に慣れすぎているということです。

これはローカル・ルールです。

本来は、いつ質問してもいいのです。

シアトルで講演をした時に、私が話し始めると、いきなり「質問」と手が挙がりました。

大学生に「先生は成功しているんですか」と聞かれました。

いい質問です。

日本では出ない質問です。

私が「本は300冊（当時）出しているよ」と著書数を言うと、「わかりました。じゃ、聞きます」と言われました。

これでみんなが「じゃあ、聞こう」という空気になりました。

初めて会う先生が成功している人なら聞くけれども、成功していない人なら聞く意味がないからまず確認するというのは、聞き手と話し手が対等です。

日本では、講演の冒頭で質問してくることはありません。

「誰か質問がある人は？」と聞くこともありません。

聞かれる側は、どこで入ってこられても大丈夫なようにしておくことです。

聞く側も質問するいいタイミングを知る必要があります。

時々、家で用意してきた質問をぶつける人がいます。

家で用意してきた質問は、ハズします。

今の話の流れの中でするべき質問があります。

その時は、「どうしたら成功できるか」というテーマで私は話そうとしていました。

「成功の話なら、この人が成功しているのかどうか確認しておこう」ということで質問が出たという流れです。

「今そんな話は何もしていないのに」と、不思議に思います。

これは、何か質問して自分を覚えてもらおうという自意識過剰のあらわれです。

その人に「今そんな話をしていた?」と聞くと、「話を聞いていなかった」と言います。

相手の話を聞く姿勢がないと、今この質問をしていいかどうかがわかりません。

これがリズムに乗れていないということです。

会話のセンスは、音楽のセンスに近いです。

音楽でハモる時、「自分は音痴で音程がとれないんです」と言う人がいます。

音痴は、音程がとれないことではありません。
人の音を聞いていないのです。

隣のパートで出している音を聞いて、それに合わせたり、ハモる音を出そうと考えれば、リズムも音程も合うのです。

何も聞かないで、頭の中で1・2・3、1・2・3……とカウントしているから合わなくなるのです。

音楽のセンスが極めて大切です。

質問したいことは、「質問ありますか」と聞かれる前に、話のリズムに乗って聞けばいいのです。

新しい時代の生き抜き方　09

「質問は、ありますか」と
聞かれる前に、質問しよう。

10

「理由は？」と聞かれたら、大人の発言になっていない。

コミュニケーションでは、できるだけ相手のストレスを減らすことが大切です。

インターネットは、クリック数を1つ増やすと、お客様が激減します。

クリック数が1つ増えると、「めんどくさいなあ」「よそから買おう」となります。

同じように、受け身の人は、聞かれてから答えようとする習慣がついています。

「このアイデアはどう思う？」と賛否を聞くと、「賛成です……」で発言が止まるのです。

相手は「そう思った根拠は？」と聞く必要があります。

これがムダな1クリックです。

「『賛成です。なぜならば……』と即言ってくれればいいのに」と言いたくなります。

これがリズム感の悪さです。

「賛成です」と言い切るのは、子どものコミュニケーションです。

それは、好き嫌いしか言っていないのと同じです。

答えはどちらでもよくて、「なぜならば」のうしろが大切なのです。


好き嫌いで終わらせない人は、チャンスをつかみます。

好き嫌いの意見はどちらでもいいのです。

賛成・反対を聞いている時に、根拠がない意見はただの好き嫌いです。

「嫌いだから嫌い」「好きだから好き」と、好き嫌いには理由がありません。

賛成・反対の意見を言う時は、「なぜならば」をつけます。

好き嫌いの議論をしている人は、大人のミーティングからはどんどんはずされて、チャンスを失っていくのです。

新しい時代の生き抜き方　10

意見に「なぜならば」をつけよう。

11

「みんなと同じ」に価値がなくなる。感想は、同じ。分析と妄想で、違いが出る。

リモートによって、大勢でミーティングをすることが簡単になりました。

そこで最もノーチャンスになるのは、「ほかの人と同じ意見」です。

発言に「ほかの人と違う意見」であることが求められます。

感想は、ほとんどすべての人が同じ意見になります。

「好き」「嫌い」「きれい」「凄い」「感動した」の5パターンを超えません。

5人以上の中で好きか嫌いかを言い出すと、ほかの人とかぶってしまいます。

ここに、「君の話を聞こう」と思ってくれる人はいなくなります。

たとえば、「あの本が売れているけど、どう思う？」と聞かれた時に、「私はいまいちですね」という答えは感想です。

感想は、「私は好きです」「私はいまいちです」という2通りしかないのでいりません。

必要なのは、

① 分析

② 妄想

の２つです。

まず客観的に分析します。

分析にその人のオリジナリティーが出てきます。

感想はかぶっても、分析はかぶりません。

分析には、その人の勉強してきたこと、体験してきたことがすべて総合されて出てきます。

オリジナルの意見を言おうと思うなら、自分なりの分析が必要です。

そこに正解・不正解はないので、バリエーションが生まれます。

感想は、正解・不正解の二元論になります。

分析は、1人1人の生きてきた人生が全員違うようにバラバラになります。

ただし、誰かの分析をベースに置くと、人とかぶることになります。

これは分析とは言いません。

単なるコピペです。

分析を極めると、妄想が生まれます。

もっとオリジナリティーのある意見が言えるようになります。

分析の途中までは客観で、あるところから主観が入ってきます。

これが妄想です。

私が消防大学校で教えているのは、まもなく消防署長になる平均年齢50歳の人たちです。

私は、南太平洋の島で旅客機が墜落した時に、生存者200名を日本の消防官がリーダーとなって救出したというニュースがCNNで流れることを目指しています。

これは私の妄想です。

あるファッションブランドで働いている男性は、いつも高齢者に優しくしています。

それは道徳心からではありません。

彼は、「表参道の交差点を渡っているおばあさんを助けて、病院まで連れて行ってあげるんです。名刺も置かず、名前も言わないで帰ってくると、そのおばあさんが大富豪で、私を探し出して『あなたに財産を譲りたい』と言う。財産目当ての子どもさんではなく、誰かいい人に譲ろうと思ってちょうど探していた時に私と出会ったのです。だから僕はおばあさんに優しくするんです」と言っていました。

私が「それはあったの？」と聞くと、彼は「まだないですけどね」と答えました。

これは完全な妄想で、彼のオリジナリティーです。

その話をみんなは聞きたいのです。

リモート社会においては、誰もが言っている話には価値がありません。

小人数の時は、意見はかぶりませんでした。

リモートによって、世界中の人と同時に会議ができるようになりました。

今まで10人程度でしていた会議を１００万人でするようなものがリモートです。
そこでは、オリジナリティーが求められます。
オリジナリティーは、感想では出ません。
分析、さらには妄想と進めていくことでオリジナリティーが生まれるのです。

新しい時代の生き抜き方　11

感想より、分析・妄想を話そう。

12 「そうそう」という相づちは、コミュニケーションになっていない。

私自身、最初はZoomに乗り気ではありませんでした。

生でないのはつまらないと思っていたからです。

「聞いている人の声は聞こえるの？」と聞くと、「それはミュートにしますから入りません」と言われました。

むしろ、私は実際の生のやりとりをしたいのです。

１人で話すのは疲れます。

それならＤＶＤでもいいわけです。

私が「ツーウェイが大切なんじゃないの？」と言うと、

「大丈夫です。ミュートでカットしますから」

「いや、大丈夫じゃないよ、むしろカットしないで欲しい」

「いや、会社ではそうなっています」

というやりとりになりました。

会社のリモート会議に参加する人はミュートに設定します。

話し手の邪魔にならないように、防音するためです。

リモート会議が広まると、1カ月後には聞き手が画面を消すようになります。

聞き手のリアクションはいらないからです。

今までの会社の会議は、報告会でした。

報告をする人と聞く人がいればいいので、ツーウェイでリアクションの音声や画像を返す必要はありません。

ただスピーカーから流れている音を聞くだけというのが通常の会議のパターンでした。

リモートによって、それがわかったのです。

今まで会社の会議でかわいがってもらえた人は、上司の意見に反論しない人です。

そこでは、**「議論」イコール「悪」**です。

受け身の組織の中では議論は悪なので、「おまえ、上司のオレにお言葉返すのか」と言われます。

リクルートは、

「I have another opinion.（私は違う意見を持っています）」

「私は違う見方をします。お言葉を返すようですが」

というのが極めて多い会社でした。

カリスマ社長の江副浩正（えぞえひろまさ）さんの言葉に対しても、新入社員が「お言葉を返すようですが」と言える空気があったのがリクルートの強さだったのです。

これは、平均年齢は若くても大人の会社です。

子どもの会社は、上司に反論してはいけないというルールがあります。

上司に対して反論しないために、ミュートにして画面を消します。

「議論」イコール「上司への反発」という思いこみがあるのです。

それでは新しいアイデアを生み出せません。

1人のアイデアよりも10人のアイデアが強いのがリモート時代です。

たった1人の小さなひと言が周りに広がって世の中を変えていきます。

その変革期に、「お言葉を返すのか」という発想自体がズレています。

意見を言うことが悪である会社においては、「御意」が一番正しい返し方です。

その人の口グセは「そうそう」です。

相手が言ったことに「そうそう」「そうです」「同感です」「おっしゃるとおりです」と言います。

それはミーティングではありません。

それならメールで済みます。

文字のほうが正確で速く読めます。

コミュニケーションの授業では、「相づちをどう打てばいいんですか」とよく聞かれます。

相づちは要らない。**御意の相づちより自分の意見を言うことです。**

話し手は、「そうそう」ではなく、「別の見方をすると、こんな見方もある」という別の発想を求めています。

そこで本来するべき相づちは、「エーッ、そうなんだ！」という驚きです。

リモート時代のミーティングで一番大切なのは、みんなが驚き合うことです。

「そうなの？」というところから新しいものが生まれます。

「そうそう」というところからはアイデアは生まれません。

みんなが驚くような意見を出せるかどうかが勝負なのです。

新しい時代の生き抜き方　12

相づちより、自分の意見を言おう。

13

知識が一流でも、伝え方が二流なら、二流。伝え方が一流でも、知識が二流なら、二流。

「リモートを使って、コンサルタントやインストラクターの仕事をしたい」という相談ごとが多いです。

リモートでどんな仕事をするにしても、大切な要素は「知識」と「伝え方」です。

それぞれに一流から二流がいます。

知識が一流で、伝えるべきコンテンツを持っていても、伝え方が二流なら、その人のビジネスは二流です。

逆に、伝え方が一流で知識が二流なら、ビジネスは二流です。

両方勉強する必要があります。

知識の勉強は、わかりやすいです。

自分の専門分野では、自分が何流かがわかります。

わかりにくいのは、自分の伝え方が何流かということです。

「このコンテンツはきちんとしているから、伝え方が下手でもみんながわかってくれる」というのは大勘違いです。

伝え方に対してのリスペクトがなさすぎます。


これは、「YouTubeを始めようと思うんですが」と言う人に多いです。

「エッ、今さら?」というところです。

今YouTuberで、リアルの映画俳優よりも稼いでいる人はたしかにいます。

ただし、稼いでいる人は、YouTubeが２００５年に生まれてから15年以上続けています。

つくっている本数は何万本単位です。

そのノウハウのある人に対して、今から入っても勝てないというのはあらゆる世界で共通です。

「自分は面白いコンテンツを持っているので、YouTubeできっとヒットすると思う」と、今出しても、その動画が表示されるのはYouTubeの一覧の何百枚目かです。

それでは見てもらえません。

YouTubeで成功している人は、個人ではなく企業のようなチームです。

そのチームの人たちがどれだけの人件費とコストをかけているかを考えないで、「あの人はあんなに稼いでいるから」というイージーな見方をするのは、プロフェッショナリズムに対してのリスペクトがなさすぎます。

その人の仕事も、二流なのです。

自分の仕事をなめられると、普通は怒ります。

他者の仕事に対して、リスペクトの念が起こらないのは不思議です。

面白い内容の本でも、書き方を学ばないと売れません。

一方で、どんなに書き方がうまくても、内容が平凡なら売れません。
問題は、文章のうまい・下手ではありません。
知識を勉強するのと同じように、伝え方も勉強する必要があります。
だからこそリモート会話術が大切なのです。

新しい時代の生き抜き方　13

伝え方も勉強しよう。

14 リモートで、知らない人と話すマナーを身につける。

リモートでは、知らない人と出会う機会が増えます。

相手が知っている人なら、「今、小さくうなずいたから返事しているんだな」と、パソコンのフリーズではないことがわかります。

「大笑いはしていないけど、この人にとってはけっこう笑っているほうなんだよね」ということがわかるのです。

そもそも、その人が悪い人ではない、悪意がないとわかるのは、「表情はムッとしているけど、いい人なんですね」ということを知っているからです。

これは生で会ったことのある人との接し方です。

マナーには、

①　知っている者同士のマナー

②　知らない人へのマナー

の２通りがあります。

リモートでも同じです。

生で会ったことのある人へのマナーとリモートで初めて会う人へのマナーとがあるのです。

リモートでお客様と会って話をする時に、リモートでは伝えにくい部分を伝えるマナーを身につけることが求められるのです。

今は中途の面接も新卒の面接も研修も、全部リモートになってきています。

そこできちんとした姿勢が保てているかどうかです。

リビングのローソファに座るのは、仕事をしている態勢ではありません。

やわらかいソファに座ってパソコンに向かうのは、相手に対して失礼です。

家の中でも仕事コーナーは必要です。

いつも食べたり飲んだりしているところは、たしかに居心地がいいです。でも、そこはプライベートのオフの場所です。

仕事モードには１つもなっていません。

仕事モード用の場所とプライベートの場所をきっちりとわけておくことです。

ここでマナーがきちんとわかれるのです。

新しい時代の生き抜き方 14

リモート独自のマナーを
身につけよう。

15 パソコン・マイク・照明の性能を上げることで、リラックスできる。

「リモート会議では、緊張して話せない」と言う人がいます。

緊張は精神論で、「たくさん体験すれば大丈夫ですよ」というアドバイスが１つあります。

もう１つのアドバイスは、設備を整えることです。

パソコン・マイク・照明です。

この３つをケチらないで整えることによってリラックスできます。


リモートを始めたばかりの人は、ほとんど画面が暗いです。

そうすると、相手に暗い印象を与えます。

家でのテレワークにしても、会議にしても、専用の照明を使っていないのです。

天井照明は、ＴＶを見たり、自分が生活する分にはまったく問題ありません。

一方で、ＴＶ局のスタジオはキンキンに明るいです。

ＴＶに映す時に光の量が必要になるからです。

リモートでは、どうしたらきちんとした光で映れるかを工夫する必要があります。

スマホは電波を飛ばしているので、住んでいるマンションなど、周りの環境で、途中で音が飛んだり画像が固まったりします。

そうなると、その瞬間だけでなく、また飛んだらどうしようとハラハラします。

マイクも、きちんとしたマイクを用意します。

パソコン内蔵型のマイクでは、性能に限界が来るので音が割れます。

ＴＶを見ていると、ゲストによって音声レベルに違いがあります。

全員が悪いのではありません。

いい人と悪い人がいます。

内蔵マイクはそれほど高性能ではありません。

私は外づけピンマイクを使っています。

しかも、ワイヤレスではなく、ケーブルでつないでいるので音が安定します。

カメラに関しても、外づけのカメラで、画素数が大きいものを使っています。

この投資は１万円ぐらいです。

それで性能がまったく違います。

家電量販店に行って、「音声をよくしたい」「画面の映りをよくしたい」と言うと、「それならこれがいいです」とアドバイスしてもらえます。

モニターも、小さい画面では大勢入ってくるとわかりにくいです。

１つの画面に49人入る場合と、４人までしか入れない場合があります。

一覧できないと、誰が発言しているか、そのつどスクロールして探すことになるので、集中できないし、リラックスもできません。

機材のことに気をとられて、自分がアイデアを出すところにまで気が回らなくなるのは損です。

機材をケチらないことです。

正解のない時代は、実験です。

何が正解かは、実験すればいいのです。

私もたくさん実験しました。

実験をしているうちに楽しくなりました。

スタートは、１００円ショップに行って「何か使えるものはないか」と探します。

次に東急ハンズやホームセンターに行っていろいろな機材をそろえる工夫をしているうちに、楽しめるようになってきます。

設備を整えることで、仕事に集中できるのです。

新しい時代の生き抜き方 15

機材を、ケチらない。

16 自分の画像を見て、修正できる人がうまくなる。

「画像的にいけないところを直してください」と言われても、アドバイスには限界があります。

自分で直せないのは、受け身の人です。

自発的な人は、

「ほかの人の画面と比べて自分の画面が斜めになっている」

「ほかの人のアングルに比べて、自分の顔が真っ暗になっている」

「下からあおりすぎで天上のシーリングライトが映って、まぶしい」

ということに気づきます。

画角（アングル）も、主婦ブログで奇跡の斜め45度のような高さからのアングルで映ろうとする人がいます。

通常のアナウンサーのアングルでいいのです。

ニュースが安心して聞けるのは、アナウンサーが変なアングルではないからです。

目線の高さが合っていることが大切です。

「目線の高さを合わせてください」と言うと、パソコンの角度を変える人がいます。

それよりはパソコンを目線の位置に合うまで上げます。

これが相手と話していて違和感のない状態です。


リモートであることを忘れる環境をつくるのです。

暗くて、奥からのぞいているだけの貞子のような状態では、落ちついて話せません。

うしろにドアが映っていると「誰か入ってくるんじゃないか」と気まずくなります。

うしろに炊飯器が映っていると「なぜここに炊飯器?」と、気になって集中できません。

そうならない状況をつくるために、映り方を研究することが大切なのです。

うしろのアングルに凝りすぎて、パソコンを不安定なところへ移動して、リモートの途中でガッと崩れてフリーズした画面で終わる人もいます。

それも事前に実験をしていないのです。

本番に備えて、何度も実験して、自分の画像を見て修正していくことです。


実験ができないのは、自分の映像を見るのが苦手だからです。


カラオケは大好きなのに、録音は嫌いなのと同じです。

録音した自分の声を聞いて「私はこんなにヘンな声なの」とガッカリします。

ＴＶに出る人の映り方がうまいのは、自分のオンエアを見るからです。

オンエアを見た時に、「エッ、こんなふうに映るの？」と愕然とします。

「じゃ、変えないと」と、研究していきます。

若手タレントは、みんな自分の映像を何度も見て修正を加えます。

恥ずかしさと向い合う作業です。

自分のヘンなことと対面することになるからです。

それによって自分自身を見直すことができます。
鏡の前では表情をつくるので、意外と直せません。
鏡に映るのはウソの笑顔なので、笑顔のチェックもできません。
鏡で練習できないのは笑顔です。
笑顔は感情とともに出てくるものです。
自発とは、自分自身と向き合うことです。
リモートは、遠くの人と向かい合うことではなくて、自分と向き合うことなのです。
自分自身と向き合うことで、自分自身を修正することができます。
自分の修正を他者に頼らず、自分で向き合うことで、上達していくのです。

新しい時代の生き抜き方　16

自分で直そう。

17　きちんと映れる人は、きちんと話す。

リモート会議では、最初は話すのが苦手だった人が、どんどんうまくなっていきます。

映り方が上手くなっていく人は、話し方もうまくなります。

映り方と話し方は、一見すると関係ないものです。

ナチュラルなアングル・ライティング・音声・画像になればなるほど、その人の表情はやわらかくなり、笑顔になるのです。

実際は、映り方と笑顔と話し方は連動しています。

映り方が納得できないと、余裕がなくなります。

余裕がなくなると、笑顔がなくなります。

笑顔がなくなると、ますます緊張して、リラックスして話せなくなるという、負のスパイラルに入ります。

一方、たとえば、照明を工夫して、顔が明るくなります。**顔が照明で明るくなると、余裕が出て、笑顔が出せるようになります。**

緊張感がほぐれて、リラックスして話せるようになります。

自分がリモートできちんと映るように工夫していけば、話し方もどんどんよくなっていくのです。

新しい時代の生き抜き方 17

きちんと映れるようになろう。

第2章

メンタル術

18 好きな時に食べることが、自由ではない。

自粛生活によって、メンタルが崩れる人は大勢います。

自粛生活がいつまで続くかわからない、一方で自由を強いられるという2つの大きなストレスは、メンタルが弱くなる原因です。

かつての自由が制限されています。

ここで初めて、自由とは何かということを考える機会が生まれました。

「好きな時に好きなところに行ける」「好きな時に好きなモノが食べられる」というのは、自由ではありません。

「好きな時に好きなモノを食べる」では、食欲の奴隷になっています。

新しい時代の生き抜き方　18

欲望の言いなりにならない。

「みんなも大変なんだから、世の中のためにこうしよう」という、自分の欲望とは違う選択肢を持つことで、本当の自由になれるのです。

自分の欲望に支配されて動くのではありません。

「旅行に行きたいけど行かない」「お店をあけたいけどあけない」というのは、自分で不自由を選んでいます。

勉強したくないから勉強しないという人は、選択肢を持っていません。

勉強したくない時に勉強するのが自由です。

これは「食欲という上司の言いなりにはなりませんよ」ということです。

本当の自由は、「おなかがすいているけど食べない」という選択肢を持つことです。

自由とは、選択肢があることです。

実際は、その人は不自由なのです。

19

責任転嫁しないことが、自由だ。

「あの人のせいで○○ができない」と言った時点で、自由ではありません。

自由とは、責任転嫁しないことです。

うまくいったことも、うまくいかなかったことも、すべての責任は自分にあります。

うまくいった時は「自分が頑張った」、うまくいかなかった時は「自分が悪かった」と考えられるのが自由です。

「うまくいったのは自分のおかげ」「うまくいかなかったのはあの人のせい」というのは、自由ではありません。

すべての責任を自分で背負えるのが本当の自由です。

新しい時代の生き抜き方　19

責任転嫁しない。

自粛の期間は、つい誰かのせいにしたくなります。

究極は「政府が悪い」とか「○○が悪い」と言うことです。

マスコミは「この人は悪そうでしょう」という悪者をつくりたくなります。

それに乗っていくと、誰かのせいにしたくなってしまいます。

その気持ちが大きくなると、自分の中からどんどん自由が失われます。

メンタルを強くするのは、自由でいることです。

自由を自分の心の中から捨ててしまうことによってメンタルが弱くなるのです。

20

不安は、飲むことでごまかせない。

自粛の時に、「夜の街関連でこんなに感染者が増えているのに、なんで飲みに行く人がいるんだ」と、キレる人がいます。

飲みに行く理由は、明解です。

飲んでいる間は、現実から目をそらせるからです。

飲みに行く人たちにとってはそれなりの合理性があるのです。

「なんでこんな時にパチンコに行ってるんだ」と、文句を言う人もいます。

パチンコに行っている間は、目の前の問題を考えなくて済むからです。

メンタルが弱くなると、目の前の問題から目をそらすようになります。

つらい時であればあるほど、現実を忘れさせてくれるものを求めてしまいがちです。

現実逃避をすると、結果として不安感やストレスは大きくなるばかりです。
それはごまかしているだけで、なんの対処や解決にもなっていないからです。

メンタルを保つためには、まず目の前の問題から目をそらさないことが大切です。
お酒を飲んだり、ギャンブルをしても、不安の解消にはなりません。
不安は、目を背けて、気を紛らわせても、効果は一瞬です。
しかも、目をそむけることで、不安はさらに増大します。
自己肯定感を、無意識のうちに下げてしまいます。
逃げていることに、他者は気づきません。
逃げている自分に気づくのは、自分自身です。
自分が、自分を情けない人間と感じてしまうのです。
これが、自己肯定感が下がるということなのです。
自分自身を、ごまかし続けることはできないのです。

目の前の現実から目をそむけていると、現実から目をそむける仲間と出会うことになります。

現実を直視する仲間から、離れていってしまいます。

ますます、自己肯定感が下がります。

目をそむけながら、目をそむけている自分を、見ることになってしまうのです。

新しい時代の生き抜き方　20

目の前の問題から、目をそらさない。

21 誰かがなんとかしてくれると考えると、ストレスだけが残る。

「誰かなんとかして」と思った瞬間、ストレスは無限に大きくなります。

人に頼ってもなんとかしてもらえないからです。

それよりは、自分なりにできることをします。

「自分はお医者さんではないけれども、お医者さんの苦労を少しでも減らすためにウロウロしないで、自分自身の健康管理をしよう」と思うことも１つの方法です。

結果として、それは人に頼るのではなく、誰かを助ける行為になります。

ストレスで「助けて、助けて」と言う人は、ストレスが増大します。

「誰かを助けよう」と思った瞬間に、その人のストレスは小さくなります。

山で遭難する2人組は、どちらも遭難者なのに、おんぶしている人は助かって、おぶさっている人が亡くなるケースが多いです。

避難所でも、食事の列に並んでいる人はイライラして、食事をつくっているオバチャンたちはイキイキしているのです。

どちらも避難してきた人です。

その差がわかれるのは、人を助ける側にまわれるかどうかです。

助ける側は、ストレスがなくなります。

助けられる側にまわろうとした瞬間に、その人のストレスは大きくなるのです。

新しい時代の生き抜き方　21

誰かに頼らない。

22 「普通」も「みんな」も存在しない。

リモートでは、多様性が生まれます。

多様性の中では、正解がありません。

子どもの頃、学校では正解を教えられます。

その中で育った子どもは、正解がないことに対して不安になります。

正解があると、自分が不正解であっても、正解にいかに近づいていくかを必死に考えるのでなんとかなります。

「正解がない」と言われた瞬間にどうしていいかわからなくなります。

リモート社会は、世の中全体で正解がある時代が、いかにつまらないかを気づかせてもらうチャンスです。

レストランに行った時は、自分の好きなモノを食べればいいのです。

それなのに「定食にしてもらいたい」ということが、これまで日本で起こっていた現象です。

本来はセットから外れることが楽しいのに、まじめな人間を育ててきたので、「定食はないんですか」「セットにしてください」と言います。

セットではなくアラカルトで頼む人がいると「空気を読めよ」と怒ったり、「上司と同じものを頼めよ」と、1つの型にはめる時代は終わりました。

やっと、まっとうな社会になりつつあるということです。

これまでの社会は、子どもの社会です。

子どもの社会は、「普通はこうするだろう」「みんなはこうしている」と、「普通」や「みんな」という発想をしていました。

それが幻であることに気づく必要があります。

「普通」も「みんな」も存在しないのです。

中傷に使われる言葉は「普通」と「みんな」が多いのです。

この言葉を使うと、ケンカしたくなります。

サービスマンに怒っているお客様から出てくる言葉は、「普通はこうするだろう」です。

「みんなは何してるんだ」「みんなはこうしているぞ」「みんなはこうするはずだ」と言う人は、それが幻想であることに気づいていません。

チャンスをつかむためには、「普通」と「みんな」を禁句にすればいいのです。

新しい時代の生き抜き方　22

「普通」「みんな」を禁句にしよう。

23 不安は、小分けにすることで小さくなる。

不安がある時は、「不安を乗り越えられる人」と「乗り越えられない人」とにわかれます。

その境目は、不安を小分けにできるかどうかです。

「不安なんです」と言うのは、全部をまぜた漠然とした状態です。

それを乗り越えるためには、不安を小分けにすることです。

「お化けが怖い」と言う人には、「お化けの何が怖いのですか」と聞きます。

ここでわかれるわけです。

「何をされるかわからない」「見た目が怖い」「殺されるかもしれない」は、すべて違います。

「殺されるかもしれない」は死への恐怖であって、お化けに対する恐怖ではありません。

具体的に分類していくと、どんどん冷静になるのです。

不安に陥ると、冷静さがなくなります。

冷静さがなくなると、さらに不安が増大します。

たとえば、目の前に何かがあらわれて、Aさんは「ウワッ、お化け」と驚きました。

一方で、「あなたはお化けですか、妖怪ですか」と聞くBさんは冷静です。

「お化け」と「妖怪」は違います。

「お化け」は、並み外れて大きいものをいいます。

「妖怪」は、モノや動物が変化（へんげ）したものです。

「幽霊」は、霊魂が残ったものです。

並み外れて大きいお化けカボチャとは違います。

唐笠お化けは、傘が変化（へんげ）したものです。

幽霊は、人間の霊魂が残っています。

分類し始めると、怖さどころの騒ぎではなく、「また新しいのが見つかった」と楽しめるようになります。

昔の人間が妖怪をつくり出したのは、不安を具体的な形に置きかえた瞬間に怖さがなくなるからです。

そのために妖怪は少しユーモラスなのです。

傘のお化けと言っても、唐笠お化けはゆるキャラに変わっています。

何かの形に置きかえると、不安を乗り越えることができます。

すべての不安を小分けにすればいいのです。

新しい時代の生き抜き方 23

不安を、小分けにしよう。

24
不安は、解決しなくていい。対処すればいい。

悩んでいる人は、「不安をどうしたら解決できるだろう」と考えます。

不安を解決するのは難しいです。

解決しなくていいから、対処することです。

解決とは、根絶やしにすることです。

対処とは、それに合わせて折り合いをつけていくことです。

たとえば、**相手と対立した時に、相手の言い分と、自分の言い分の、落としどころを見つけるのが対処です。**

解決は、自分の言い分を１００％通すことです。

よく「いつ終息するんですか」と質問されます。
これではメンタルが倒れます。
終息しなくてもいいように、どうしていけばいいかを考えるのが対処です。
対処は自発なので、今すぐできます。
解決は、相手側の事情もあるので受け身になります。
言葉的には、「解決」のほうがカッコいいです。
対処のほうは、なあなあの印象があります。
たとえば、無人島に漂流しました。
私の妄想の中では女性と出会います。
その時、「無人島からいかに脱出するか」と考えるのは解決です。
私の対処は、「いかにこの島の生活を快適にするか」です。
私の妄想での目標は、救助船が来た時に女性が「隠れよう」と言ってくれることです。
救助されることよりも、無人島の暮らし方がよくなっているからです。
そのためには、まず衣食住を整えます。

次に、アクティビティー・娯楽・勉強を整えて、お話を毎晩します。

島での生活を快適にすることではなく、救出されることが目的になると、ひたすら救助船を待つという受け身の体制になります。

実際は、解決よりも対処のほうが積極的な行為なのです。

新しい時代の生き抜き方　24

解決よりも、対処しよう。

25 できないのではなく、恥ずかしいだけだ。「できないこと」は、恥ずかしくない。「恥ずかしがること」は、恥ずかしい。

新しいことを勧めると、「できない」と言う人がいます。

実際はできないのではありません。

恥ずかしいのです。

「Zoomは顔が映るんでしょう。恥ずかしい」と思いがちです。

しかも、**「恥ずかしい」と口に出せないつらさがあるのです。**

「恥ずかしい」と口に出せる人はメンタルが強いです。

恥ずかしいことを「恥ずかしい」と言えないということがますますメンタルを弱めます。

つらい時に「つらい」と言える人は、まだ大丈夫です。

「つらい」と口に出せない人は、もっとつらい状況になります。

「できない」をもっとカッコつけると、「めんどくさい」という言葉になります。

実際はめんどくさいわけではありません。

素直に「恥ずかしい」と言えばいいのです。

人から「本当は恥ずかしいだけじゃない」と言われると、もっと恥ずかしくなります。

メンタルを立て直していくコツは、自分が一番恥ずかしいと思うことをしてみることです。

実際にしてみると、それほど恥ずかしいことではないとわかります。

自分が恥ずかしいこと、みんなに隠して「恥ずかしい」とすら言えないことができるチャンスが、今の時代の転換期です。

時代が落ちついて、右肩上がりの時は、恥ずかしいことはできません。

時代の転換期というどさくさに紛れて、自分が恥ずかしいと思っていることをすれ

ばいいのです。

私は、子どもの時に転校したことがありませんでした。

転校に憧れていました。

東京の大学に行きたい、遠くの学校に行きたい、留学もしたいと思っていました。

転校は、今までの自分のキャラとは違うことができるチャンスです。

一番つらいのは、附属の幼稚園から進級するパターンです。

小学校の時に教室で漏らしたことを一生言われます。

そこからキャラ転換ができないのです。

転校すると、自分を知る人間はまったくいないので、自由にキャラ転換ができます。

今の時代は、みんなが転校状態で、キャラ転換をするチャンスなのです。

新しい時代の生き抜き方　25

恥ずかしいことを、しよう。

26 ダメダメ2号と、ヘンタイ3号を持つ。

メンタル的につらいのは、周りから期待されているキャラを演じることです。

実際には自分に重苦しいキャラを押しつけられても、今さら自分を変えることはできません。

変えるには、会社をやめなければいけないというのが通常の会議です。

リモート会議でキャラ転換できたら、その人はまったく違う存在になれます。

ぶっ飛んだ芸術をしている人は、生で会うと、極めてまじめな人が多いです。

これは表現を通してキャラ転換が起こっているのです。

まじめなお医者さんや弁護士さんがＳＭクラブに通うのも、キャラ転換をしたいと思っているからです。

自分の中でキャラの選択肢が限られてくると、生きるのがしんどくなります。

周りから与えられているキャラクターは、いい人1号です。
人間は、いい人であるというキャラを必ず与えられます。
これではしんどくなります。
この時、ダメダメ2号を持つのです。
ダメダメ2号は、ダメでも許されます。
いい人だけしていると、つらくなります。
たまにダメダメ2号にキャラ転換して、

「不安だね」
「でも頑張らないと」
「つらいね、今日はズル休みしたい」
「みんなに迷惑がかかる」
「でも、たまにはだらけたい」

と、いい人1号とダメダメ2号を行ったり来たりできる自由を持つことです。

これこそが自由です。

さらにいいのは、もう1人、ヘンタイ3号を持つことです。

「エッ、何言ってるの？」と、周りからビックリされるような、いい人でもなく、ダメダメでもなく、ぶっ飛んだ存在、みんなと違う発想を持ったヘンタイ3号です。

この3兄弟で三つ子のように仲よくする形が、自由度があり、ストレスがたまりません。

恥ずかしいことは、いい人ではなく、ヘンタイ3号にさせてあげればいいのです。

新しい時代の生き抜き方　26

自分の中に、ダメダメ2号と、ヘンタイ3号を持とう。

27 緊張している人は、緊張感がない。緊張感のある人は、緊張しない。

リモートで話す時に、「緊張してうまく話せない、生ならもう少し落ちつける」と言う人がいます。

「緊張」と言えている時点で、その人は緊張していません。

自分が緊張していることを理解できているからです。

本当に緊張している人は、自分が緊張していることすらわかりません。

「自分は緊張しているな」と思う時は、冷静なのです。

緊張することによって、戦闘体制のエネルギーが湧いてくることもあります。

持つべきは緊張ではなく、緊張感です。

緊張と緊張感とは違います。

緊張は、固まっているだけの自己中です。

誰かが倒れたら助けてあげようと、他者にまで気を使うのが緊張感です。


緊張感を持っている時は、緊張しません。

「みんな大丈夫かな」と思っている瞬間は緊張感です。

自分はドキドキしません。

「どうしよう。自分は助かるんだろうか」と思っていると、緊張します。

救助船に乗れる人数が限られていて、「自分は入れるのか」と思った瞬間に緊張します。

「全員乗れるかな」と考えている時は緊張感があります。

緊張感があると、自分自身は逆にリラックスすることができるのです。

新しい時代の生き抜き方　27

緊張感を持って、
リラックスしよう。

28 「諦める」は受け身。「諦めてあげる」は自発。

諦めることも時々は必要です。

納得いくまで試して諦めるのです。

「まだ納得いっていないのに諦めざるを得ない、しょうがない」と、諦めさせられるのは受け身です。

「これだけして納得いかないのだから諦めてあげる」は自発です。

すべての動詞は、自発にも受け身にもなります。

諦める時は、「わかりました。諦めてあげよう」と、自分でそれを切り離すことです。

切り離すか、切り離されるかが、自発と受け身のわかれ目です。

しがみついていた手が最後にはずれて、アッとなるのは「諦めた」です。
自分の意思ではずしたり、逃がしてあげるのは、「諦めてあげる」です。
魚が釣れそうになったのに、最後にプチッと逃げられるのは「諦めた」です。
釣り上げてキャッチ・アンド・リリースするのは「諦めてあげた」です。
同じ「諦める」という行為でも、自発ですればいいのです。

新しい時代の生き抜き方　28

諦めて、あげよう。

29 理不尽は、全員に平等に起こる。ほかの人の理不尽が見えないだけ。

ピンチの時には理不尽なことが起こっています。

そこで「理不尽だ」と言う人のメンタルは、もっと弱くなります。

「理不尽なことにどう対応すればいいですか」と言っている時点で、だいぶメンタルが倒れています。

こういう人は、必ず「まさか私が」「なんで私が」と言います。

理にかなわないことが起こるのではありません。

ほかの人には起こらなくて自分にだけ起こることを「理不尽」と呼ぶのです。

これはとてもつらいことです。

全員に不幸が起こっている時は、あまり感じません。

不幸が起こっていない人がいて、自分に不幸が起こると「なんで？」という気持ちになるのです。

会社の倒産は、比較的理不尽感がありません。

リストラは、凄く理不尽感があります。

「なぜあの人が残って、私がリストラなの？」と思いがちです。

実際は、リストラは全員に起こっているので理不尽ではありません。

理不尽は全員に起きていて、「あいつには起こっていないじゃないか」と言うのは、見えていないだけです。

自分の不都合は見えても、他人の不都合は見えないのです。

『火垂るの墓』は、野坂昭如（あきゆき）さんが神戸の空襲を取材して、実話を元にしてリアルにつくられています。

高畑勲さんの映画の中で私の好きなセリフは、「みんな、きれいに焼けてしもうた。なあ。うちの家だけ残らんでよかった」です。

この言葉は凄いです。

みんなの家が空襲に遭ってつぶれているのに、自分の家だけ残ったらみんなに気を使います。

「うちの家も焼けてよかった」と言うのは、ある意味、人間のたくましさや優しさを感じます。

それが本当の心理です。

「理不尽だ」「自分は損している」と言わないことです。

個人のことではなく、周りの人たち全体のことを考えると、「理不尽」という発想は出てきません。

結果として、メンタルを立て直せるようになるのです。

新しい時代の生き抜き方　29

理不尽と、言わない。

第３章

マナー術

30
マスクをすると、本当の笑顔の人がわかる。

自粛中は、全員がマスクをするようになりました。
これも新しくマナーになった習慣です。
以前は、授業中にマスクをしたり、お客様の前でマスクをするのはマナー違反でした。
今は、マスクをすることがマナーです。
マスクの仕方にも個人差があります。
マスクから鼻を出している人がよくいます。
そういう人を見ると、周りの人は気になってしょうがありません。
鼻を出していると、マスクの効果がありません。
本人はウイルスを吸いこんでしまいます。

マスクをすることで、「この人は大丈夫だな」と思われます。

マスクをしないと、「ワッ、今の時期、マスクをしないで歩いている」と、周りの人をハラハラさせます。

マスクをしていると、健康管理に関心があるんだなということで、相手が安心します。

自分のためではなく、相手のためにするのです。

マスクは息苦しいからと、鼻を出したり入れたりすると、余計気持ち悪いのです。

見ている側が安心できません。

マスクは、鼻のつけ根のところまで上げるとズレないのでモゾモゾしません。

苦しいからとマスクの位置を下げると、マスクに対して余計に抵抗感が生まれます。

すぐにマスクをとりたくなって、誰もいないと顎までずらします。

マスクは慣れることで違和感がなくなります。

これがマナーが変わったということです。

ホテルやレストランなど、サービス業の人たちもみんなマスクをしています。

それによって、「この人、笑ってなかったんだな」とわかるようになりました。

笑顔を口だけでつくっているサービスマンは目がまったく笑っていません。

マスクの下でどんなに笑っていても、目がまったく動いていないと、「ああ、笑顔がない」と感じるのです。

一方で、マスクをしているのに凄く笑顔の人もいます。

目だけで笑うことはできません。

全身で笑っている人は目も動きます。

口先で営業スマイルをムリヤリつくっていた人はまったく笑っていないので、マスクをしてバレてしまいました。

今までは気づかなかったのです。

本人も気づいていなかった可能性があります。

マスクをして笑顔で写真を撮ってもらうと、いかに自分が笑顔でないかがわかります。

マスクをすることで、その人の表情がどれだけ動くかがわかるようになったのです。

表情が凄く動く人もいます。
もう一方で、表情がまったく動かない人もいます。
笑顔はトレーニングしないとできません。
トム・クルーズは、１日１万回、笑顔の練習をしています。
だからこそ、あのトム・クルーズ・スマイルが生まれたのです。
トム・クルーズ・スマイルは、持って生まれたものではありません。
顔は筋肉で覆われています。
筋トレと同じように、笑顔も練習をする必要があるのです。

新しい時代の生き抜き方　30

口だけでなく、体全体で笑おう。

31 ピンチになった時、品のある人とない人にわかれる。品格とは、救急車に道を譲ることだ。

映画『タイタニック』では、一見、男性なのに、よその子どもを預かり女装して「子どもがいます」と言って自分もこっそり助かろうとした人たちがいました。

品位は、平静時にはわかりません。

いざピンチになった時に、本当に品のある人とない人とにくっきりわかれます。

自粛の時も、品位のある人とない人にくっきりわかれました。

自分に品があるのかないのか、はっきり出てしまうことを感じる必要があります。

品格とは、救急車がうしろから来た時には道を譲ることです。

救急車のうしろは走らないというのが品格であり、マナーです。

病院が大変で少しでも感染者を減らしたい時に、「自分はどうなってもいい」と、飲みに行って感染者になると、結局、病院のスタッフを逼迫させることになります。

「自分はどうなってもいい」という発想は、周りに迷惑をかけます。

たとえば、救急車のサイレンが鳴りました。

車を路肩に寄せて止まる時、「オレだって急いでいるんだ」と言う人がいます。

この時の行動が品格があるかどうかのわかれ目です。

「自分はどうなってもいい」という理論ではなく、人にいかに迷惑をかけないようにできるかが品格なのです。

新しい時代の生き抜き方　31

迷惑をかけない。

32 視野の狭い熱意より、視野の広い品格。

ピンチでは「熱意」と「品」のどちらかを選ばなければならないことが起きます。

熱意のある人か、品のある人かがわかれます。

たとえば、本屋さんで、「ここからここまで全部買う」とか「中谷さんの新刊が出たら、この平積みの本を全部買います」という買い方は熱意のある行為です。

ただし、あとから来た人が買えなくなります。

そこに何冊か残しておくのが品のある買い方です。

芦屋のＫＨギャラリーで、コシノヒロコさんとコラボの講演をしました。

コシノさんファンと中谷ファンの両グループが参加しました。

人数はちょうど半々ぐらいです。

最前列を中谷塾生が占めていました。

これは熱意を感じますが、品はありません。

相手側の人のことを考えていないからです。

「私はこんなに熱意がある」と、熱意が先行する時ほど危ないのです。

熱意があるのは悪いことではありません。

「悪いこと」と「いいこと」の二択なら、いいことを選べばいいので簡単です。

どちらも「いいこと」の場合は、選ぶのが難しいのです。

熱意がある時は品位がなくなることがあると肝に銘じておいたほうがいいのです。


世の中がピンチの時は、お互いが助け合う必要があります。

助け合うということは、お互いが品位を保つということです。

地震や洪水の時の避難所で、われ先にといい場所を占めようとするのは熱意です。

自分や自分の家族を守るよりも、いかに全体が心地よくいられるかを考えるのが品です。

それはその地域だけの問題ではありません。
避難所には帰宅難民も来るので、地域外の人も大勢います。
その人たちをどう受け入れるかということまで考えるのです。
大切なのは目線の範囲を広げることです。

視野の広さが、品格になるのです。

新しい時代の生き抜き方 32

熱意より、品格をとろう。

33 欲望を制御できなくなることを、老化という。

禁酒・禁煙ができない人は、もはや老化しているのです。

仕事をしている人で、机の引出し１つが丸々ジャンクフードという人はたくさんいます。

ストレスがたまると、ジャンクフードを食べたくなるのです。

実際、テレワークになって、ジャンクフードの売上が伸びています。

家の中にいると、ジャンクフードは食べ放題です。

日本の新幹線の性能で凄いのは、曲がり角を曲がれることです。

東海道新幹線５５０キロメートルの間に、１５０カ所のカーブがあります。

海外の高速鉄道とは比べものになりません。

世界の高速鉄道は、どれも直線で曲がり角が少ないのです。

日本の新幹線は大都会のド真ん中を通るので、曲がり角だらけです。

大都会で脱線すると被害が大きくなります。

その中を時速220キロメートルで来れるのは、高度な制御能力です。

ブレーキと安全装置がよく働いているからできるのです。

速度を上げるのは簡単です。

新幹線の技術者は、上げた速度をいかに短時間で止めて事故を防ぐかという研究をしてきました。

これが新幹線の制御能力です。


脳も同じです。

脳には「こういうことをしたい」という欲望の中枢があります。

その側に「いやいや、それはよくないよ」と、それを制御する場所があります。

脳でエンジンをかけるのは欲望のまま行くということです。
その中で「みんなのことを考える」という部分をどうつくるかです。
制御機能がない人は、欲望通りいかないとイライラします。
自分の欲望を制御できることが、脳が若いということです。
制御能力がきいている人は、イライラしません。
「まあまあ、そんなこともあるでしょう」「お先にどうぞ」と言えるのです。

新しい時代の生き抜き方　33

欲望を、コントロールしよう。

34 欲望を制御できるようになるには、いつもと違うことをすることだ。

制御能力の高い人は、いつも違うことをしています。

いつも同じことをしている人は、いつもと違うことが起こるとイライラします。

たとえば、ランチでいつも違うメニューを頼んでいる人は、お店の人に「すみません、今日はそれ終わっちゃったんです」と言われても、「仕方ないな。じゃ、○○にしよう」と言えます。

毎日同じものを頼んでいる人は、「なんでないんだ」と、ぶちキレるのです。

歳をとると、自分の慣れ親しんだものばかり選ぶようになります。

新しいものに手を出さなくなると、新しい状況が起こった時に、その状況自体に不快感とイライラを感じます。

これが制御機能がきかなくなるということです。

脳が若い人は、新しいものが出てきた時に、楽しむことができます、見たことがない未知なるものを楽しめるのです。

新しいテクノロジー、新しいピンチ、新しい環境は、これからもどんどん出てきます。

それが正しいか正しくないかではありません。

出てきたのだから、仕方がないのです。

メニューに「正しい・正しくない」がないのと同じように、世の中で起こっているすべての現象に「正しい・間違っている」はないのです。

新しく起こっていることは、新しいメニューが出たのと同じです。

イライラしないためには、いつもと違うことを常にしていることが大切なのです。

新しい時代の生き抜き方　34

いつもと、違うことをしよう。

35 「なりたい自分」より、「ありたい自分」を持つ。

品格は「ありたい自分」を持つことから生まれます。

「なりたい自分」を優先させると、熱意はあるけど、品格のないことになります。

夢とは、「将来、何になりたいか」ではありません。

「今、どうありたいか」が、夢であり、志なのです。

たとえば、「どんなスーツを買えばいいんですか」という質問が来た時に、私は「どうなりたいの」と聞きます。

「なりたい自分」によって着るスーツは変わるからです。

若く見られたいのか、信頼度があるように見られたいのかで、選ぶスーツが違うのです。

「それが決まらないとスーツは選べないです」とアドバイスすると、「なりたい自分と言われても、もうこんな歳なので、これから作家になりたいとか俳優になりたいとか、今さら言うのも……」と言うのです。

その人は「なりたい自分」を職業のことだと思っています。

「なりたい自分」は職業ではないので、どんな年齢になっても関係ありません。

「なりたい自分」は「become」です。

大切なのは「be（どうありたいか）」です。

仕事を変えても、新しい自分には出会えません。

仕事の仕方を変えることで、新しい自分に出会えるのです。

新しい時代の生き抜き方　35

何歳からでも、「ありたい自分」を持とう。

36 ウイルスより、利己的意識が恐ろしい。

感染症の拡大は定期的に起こっています。
この時に怖いのは、感染症そのものではなく、利己的精神です。
愛知県の徳川美術館に『徒然草絵巻』という名作があります。
『徒然草』を絵巻物にして解説したものです。
その中に出てくる鬼は疫病の象徴です。
ウイルスは目に見えません。
疫病は権謀術数で追放された人の祟りというのが中世の解釈です。
見えないものを具象化したものが鬼です。
鬼の下に人間がいます。

鬼と人間が戦っているのではなく、人間と人間が戦っているのです。

これはある種、『徒然草』の哲学的な分析です。

ウイルス対人間の戦いは、初期です。

途中からは人間対人間の戦いになります。

ゾンビ映画も、ゾンビ対人間ではありません。

「おまえはゾンビに噛まれたんじゃないか」

「噛まれているのに隠しているんじゃないか」

「おまえは噛まれているかもしれないから入ってくるな」

という人間対人間の戦いが怖いのです。


戦国時代の戦い方で、相手側の大名と敵味方で戦うのは最も下手な方法でした。

一番うまいのは、相手側に仲間割れを起こさせることです。

実際、仲間割れを起こしたほうが負けです。

それがわかっているから、噂を流したり、ニセ文書をつくって仲間割れさせるのです。

この作戦がうまかったのが豊臣秀吉です。
秀吉は面と向かった勝負はあまりしていません。
得意なのは水攻めと兵糧攻めです。
長期戦が得意なのです。

仲間割れが起こるのが、長期戦です。
イライラする人は、長期戦の長さに耐えられないのです。

新しい時代の生き抜き方　36

仲間割れしない。

37 ピンチに強い人は、長期戦に強い。

人間のタイプで、短期戦には強いけど長期戦には弱いという人がいます。

このタイプはピンチに弱いのです。

「長期戦に持ち込んだら、こっちのもの」と思えることです。

将棋でも、長期戦に強い人が最終的には強いのです。

「いつ終息するんですか」と言っている人は短期決戦を考えています。

メンタルの弱い人は、ついつい短期で解決しようとしがちです。

仕事も早く成功したいし、借金も早く返したいのです。

その人は最終的に利己的な意識に走ります。

早く解決して自分は助かりたいと思うからです。
怖いのはウイルスの問題ではありません。
ウイルスから派生した、人間対人間の利己的な戦いが怖いのです。
自分勝手に動くことは、人間にとってマイナスしかありません。
それを神様がウイルスに化身して教えてくれているのです。

新しい時代の生き抜き方 37

人を助けよう。

38 健康への意識格差が、広がる。

感染症が拡大した時によくわかるのは、１人ひとりの健康管理の意識の差です。

私の母親は潔癖症なぐらいきれい好きで、いつも石鹸で手を洗っていました。

父親は染め物職人で、染め物の素材を汚してはいけないので、きれい好きでした。

私はその家で育っているので、健康は大切にしています。

私の家は自営業でした。

自営業の人は健康管理が厳しいのです。

自分が倒れたら明日から食べていけないからです。

サラリーマンは終身雇用で、会社の健康保険があります。

病院代は会社が払ってくれるし、入院しても給料が出ます。

「病気になったら、なった時のことだ」という意識があるのです。

「健康診断で十二指腸潰瘍の1つも出て一人前」という空気がはびこっています。

病気になることで自分がいかに会社のために働いているかをアピールするという風潮が、私の会社員時代にもありました。

それで日本は遅れていくのです。

海外は2年契約です。

体を壊して売上を上げられなかったら、2年でクビです。

外国人がジムで走って体を鍛えているのは、そのためです。

体を壊してクビになったら、大きな年収が飛んでしまって、保証は何もないからです。

ここの感覚の違いです。

まずは健康管理の意識を持つことが大切なのです。

新しい時代の生き抜き方 38

健康管理の意識を持とう。

39 健康管理の差で、人脈がわかれる。

健康管理の意識のある人は、健康管理の意識のある人同士で集まります。

健康管理の意識のない人は、健康管理の意識のない人同士で集まります。

ごはんを食べに行く時も、感染対策を何もしていないお店に平気で行ける人と、「ヤバいからやめておこう」と言う人の２通りにわかれるのです。

ここの差です。

お店は、２通りにわかれています。

「感染対策なんかしていたら店が潰れちゃうよ」というお店もあります。

それは仕方ありません。

問題は、わざわざそこへ行くかということです。

それは選ぶ側の問題です。

コンビニは、カロリーだけの食品とヘルシーな食品の2通りを売っています。

どちらにもお客様がついています。

置く側が問題なのではありません。

選ぶ側の自己責任なのです。

新しい時代の生き抜き方　39

健康管理の考え方で選ぼう。

40 対策も立てず、行動もしないより、最大限の対策を立てて、行動する。

「自粛期間は行動しないほうがいいんですか」という質問があります。
変化の時期に、求められるのは「自律」です。
独裁国家は完全にロックダウンします。
国民に選択の余地はありません。
日本は自由国家なので、ロックダウンしないで「自己責任」の形で渡されます。
自分自身を律することが求められるのです。
ロックダウンは、自分で律する以前に、外へ出たら逮捕です。
だから仕方なく家にいます。
私達がロックダウンのない社会にいるのはハッピーなことです。

誰かに律せられる自由のない行動よりも、自分で律する行動をしたいのです。

その時に2通りの考え方があります。

行動するかしないかの二択ではありません。

まったく行動しないのは、逆になんの感染対策もしていないのと同じです。

行動している人のほうが、感染対策を意識します。

行動していない、外にも出ていない人のほうが「どうせ出ていないから」と緩んでしまうので、逆に危ないのです。

大切なのは、最大限の対策を立てて行動することです。

行動してはいけないということではないのです。

新しい時代の生き抜き方 40

最大限の対策を立てて、
行動しよう。

第4章

時間術

41 正解がない時代は、正解がない間に始めるのがコツだ。

リモートを始める時に、「すぐに参加する人」と「参加しない人」にわかれます。
参加しない人は「もうちょっと場が落ちついてから参加しよう」と思っています。
これはチャンスをなくします。
チャンスをつかめるのは、場が落ちつかない、ワサワサしている間です。
場が落ちついてしまったら、逆転のチャンスはありません。

5月の転校生に友達ができないのと同じです。
友達が一番できるのは4月の入学式の時です。
僕が中学校で西川君と友達になったのは、名簿順で前後に並んでいたからです。

その日のうちに、西川君に「今日の帰りに家に寄ってく?」と誘われました。
西川君の部屋で、おばあちゃんにおやつを出してもらった記憶があります。
最初のまだ安定していない、場が落ちつかない時に、あらゆるチャンスがあるのです。
みんなが初対面の時が、友だちになるチャンスです。
友達関係ができあがってしまったあとでは、友達になるのが難しくなります。
一人の生き方の問題でも、正解がある時代と正解がない時代があります。
正解がある時代は、誰かが作った正解を覚える時代です。
正解がない時代は、自分で正解を作る時代です。
変化の時代は、正解がない時代です。
自分で正解を作るのを楽しめる人が、イキイキできる時代なのです。
チャンスは混乱のうちにあるのです。

新しい時代の生き抜き方　41

混乱のうちに、始めよう。

42 日本は外圧で変わるのがお家芸だ。

仕事の仕方が大きく変わりました。

「残業」という発想が、いよいよなくなったのです。

日本は、労働時間を短くしようとさんざん言いながら、結局はサービス残業が生まれてしまう国です。

日本の社会は外圧で変わります。

黒船が来たから、徳川幕府は新しい体制に変わったのです。

黒船と同じように、自粛によって社会が変わります。

今までまったく変革できなかったことが、外圧によって一気に変革を遂げるのです。

これは日本社会のお家芸です。

日本人は、自分たちで大きな変化を起こすことはほとんどありません。

フランス革命のように内側から大きく変わることもありませんでした。

ただし、外圧でゴロッと社会を変えていく力を持っています。

これが日本人の島国としての強さです。

島国は遺伝子の混ざり合いが少ないので、多様性はあまりありません。

大陸では大きい動物は極端に大きくなります。

島国では大きい動物が育ちません。

大きくならなくても戦えるので、大きい動物の遺伝子が生まれないのです。

生物学的に均一化していくのが島国の生物の特徴です。

そのかわり、外部の遺伝子が入ってきた時に変わっていくスピードは、大陸よりも島国のほうが速いのです。

山奥の村人が旅人に優しいのは、旅人から遺伝子を手に入れたいからです。

それによって、山国の中でグルグル回っていた遺伝子を一気に進化させることができます。

タヒチのような大海の島は、外から船に乗った人が来ると、泳いでいって、その遺伝子をもらおうとします。

船員は、天国のようなこの島から、出航するのが嫌になってしまいました。

船長は、先に進まねばならない。

船員が「船長、ここは天国だから、もう航海はやめましょう」と言いました。

こうして、キャプテン・クックは船員に殺されたのです。

ウイルスは、ペリーが来たのと同じように、外圧というトラブルとかアクシデントとして捉えられます。

ウイルスによって新しい発想が入ってきたおかげで、社会が一気に変革する時期が来たのです。

新しい時代の生き抜き方 42

どさくさを変化のチャンスにしよう。

43 椅子に座っている時間の長さは、関係なくなった。

私たちは今この瞬間に変わっておくことが必要です。

働き方改革と、さんざん言いながら1歩も進まなかったことが、ここで一気に進みます。

進むというより、自分たちの意思とは関係なしに進んでしまったのです。

今までの会社の仕事は、椅子に何分座っているかで給料をもらっていました。

この時給の発想がなくなります。

勤務時間で給料が決まる時代から、その人がした仕事で給料が決まる時代に変わったのです。

「家で仕事をさせたら、きちんと8時間働いているかどうかわからないじゃないですか」と言うと、ある社長さんは「いや、大丈夫です。どうせ会社に出ても2時間ぐらいしか働いていないでしょう。家でもたいして変わらないですよ」と言っていました。

さすが経営者です。

見抜かれているのです。

家にいるから労働時間が短くなるのではありません。

そもそも会社でしている労働と家でしている労働は同じです。

テレワークになって、「私はこれだけ遅くまで会社に残っています」というプリテンドの仕事をしなくても済むようになったのです。

自粛で、日本社会は一気に働き方改革が進みました。

外国人の社長が来て一気に組織変革が起こるのと同じことが起こったのです。

新しい時代の生き抜き方 43

勤務時間より、仕事で勝負しよう。

44 ずっと前から、リモートだった。遅れていることに、気づいただけ。

「いよいよリモートの時代が来た」と言われます。

大ウソです。

世界では大昔からリモートをしています。

日本がしていなかっただけのことです。

面白いことに、休校要請で高校が休みになった時に、進学校は即、リモート授業が始まりました。

これを考えたのは恐らく生徒です。

優秀で天才のような生徒がいて、「リモートはこうしたらいいんですよ」と言ったのです。

一方で、大学がリモート授業を始めたら、初日にサーバーダウンです。

サーバー自体が小さくて、学生を受け入れる態勢ができていなかったからです。

そんな想定は、まったくしていなかったのです。

海外では、ミネルバ大学のように校舎を持たない大学があります。

すべてリモート授業で世界の優秀な先生から授業を受けられます。

先生は自宅で授業をします。

わざわざ来てもらう必要はまったくないのです。

授業は1回1回採点されて、テストもありません。

積極的に参加して、いい発言ができたらＡＢＣＤＥの5段階評価「Ａ」です。

授業に熱心に参加していない人は「Ｄ」です。

参加意欲のない人は「Ｅ」です。

リモート授業はどこで受けてもいいのです。

学校自体、世界中を転々としています。

ミネルバ大学はハーバード大学やスタンフォード大学よりも入るのが難しいと言われています。

日本人もいます。

今はそういう時代です。

いよいよリモートの時代になったのではありません。

自分がリモートに気づいていなかっただけのことです。

自分が追いついたというより、追いつかせてもらったのです。

ここで気づくか気づかないかです。

リモートをせざるをえない状況に入った人はラッキーです。

せざるをえない状況に入ったからこそ、できたのです。

私も最初は「リモートってどうなのかな」と半信半疑でした。

でも、いろいろなセミナーで、せざるをえない状況になってきました。

実際にリモートをしてみると、「なんでもっと前からしていなかったんだろう。こんな簡単なのに」と思いました。

そういうものです。

始めていない人は、「あれはいかがなものか」と言うだけで何もしません。

「始めた人」と「様子を見ている人」は大きくわかれます。

明治時代に、海外へ行ったグループと日本に残ったグループにわかれたのと同じようなことが、今、起こっているのです。

新しい時代の生き抜き方 44

遅れを、取り戻そう。

45 仕事に追われるのではない。追いかけさせているだけだ。

自粛の間、講演などは延期になりました。
ヒマになるかと思ったら、むしろ前より忙しくなりました。
今は生の講演とセミナーがある一方で、リモートも始まっています。
2系列で忙しさが増しているのです。
今までなかった仕事がどんどん増えています。

私は仕事に追われている意識はまったくありません。
「仕事に追いかけさせている」という意識でいます。
仕事に追われるのは受け身です。

たとえば、犬は追いかけっこが好きです。

犬が逃げるのは、追いかけられているのではなく、追いかけさせているのです。

同じ追いかけっこでも、「追いかけられる」という受け身になると労働です。

「追いかけさせる」という自発になると遊びです。

受け身は労働になり、自発は遊びになるのです。

新しい時代の生き抜き方 45

仕事に、追いかけさせよう。

第5章

仕事術

46 危機は人を、「受け身の人」と「自発の人」にわける。

危機は、「受け身の人」と「自発の人」をくっきりわけてくれます。

想定外のことが起きた時に、「なんとかして」と言う人と「なんとかしよう」と言う人の2通りにわかれます。

受け身になるか自発になるか、好きなほうを選べばいいのです。

みんなが自発になる必要は、まったくありません。

ピザではないので、**自発と受け身のハーフ&ハーフという生き方はないのです。**

自分は自発が向いていると思う人は自発をすればいいし、受け身が向いていると思う人は受け身をすればいいだけです。

これは好き好きです。

「あなたは自発で生きなさい」「受け身で生きなさい」と、他者が決めることはできないのです。

「自発で生きたい」と思った人が初めて自発で生きることができます。

「受け身で生きたい」と思っている人に「そんなこと言わないで、自発で生きたほうがいいよ」と言っても変えることはできません。

「今、私は受け身なんですけど、自発になれるでしょうか」という質問もおかしいのです。

それは自分が選んでいることです。

自分は自発で生きていると勘違いしている人がいます。

どう見ても受け身で「助けて、助けて」と言っているのです。

自分が自発か受け身かを教えてくれるのが先生です。

車掌さんの仕事と同じです。

電車の中で「この電車は東京行きですか」と聞かれた時に、「違います。博多行きですよ」と言って気づかせるのが車掌さんの仕事です。

先生は、今乗っている電車が自発行きか受け身行きかを教えてくれるのです。

「私は自発がいいんですけど受け身の電車に乗ってしまいました。どうしたら自発の電車に乗れますか」という質問自体おかしいのです。

電車は自分で降りられます。

降りるのをやめさせることも、ムリヤリ降ろすこともできません。

間違っていると気づいたら、自分で乗り換えればいいだけのことなのです。

新しい時代の生き抜き方　46

受け身から、自発になろう。

47 「集客したい」という人に、お客様は集まらない。感動したお客様だけが集まる。

「リモートを使って集客をしたいんですけど、どうしたらいいですか」という質問があります。

「集客」と言っている人に、お客様は集まりません。

お客様は「集客されたい」とは思っていないからです。

最大の集客は、今いるお客様が感動して、「あそこいいよ」「このお店いいよ」「この先生いいよ」と紹介してくれることです。

紹介したくなるには感動が必要です。

満足しただけでは自分の中で完結しているので、人には勧めません。

それは「1000円払って1000円のサービスを受けた」という状態です。

1000円払って1万円のサービスを受けたら感動します。

そこで初めて「あそこいいよ」と、人に紹介してくれます。

これが結果として集客になるのです。


集客のことばかり考えているところには、私も客として行きたくありません。

「私はお客様のおもてなしが好きなんです。どうしたら集客できるでしょうか」と言う人は、おもてなしの方法を考えたほうがいいのです。

「私は洋服が好きで好きで、1日中、洋服のことを考えています。どうしたら集客できますか」と言うのは、おかしいです。

洋服のことを24時間考えている人のところには、お客様が集まります。

洋服のことを考えるフリをしながら集客のことを考えている人のところには、お客様は来ないのです。

たしかに、食べていくために集客は気になります。

それでも、「どんな本を書けば売れるか」と考えて書いた本は誰も読まないのです。

それは今売れている本のマネをしているだけだからです。

あるレストランのオーナーが「全国に１００店舗出したいんです」と言いました。

私は「このお店は、次は自分は来ないな」と思いました。

「スープがなくなるお店を目指しています」と言うラーメン屋さんには、次も行きたくなります。

「全国に１００店舗出す」というのは、私には関係ありません。

それは自由にすればいいのです。

「私のノルマは○○です」と言う人には協力したいとは思いません。

「集客したい」と考えているヒマがあったら、今いるお客様を感動させることにエネルギーを注いだほうがいいのです。

新しい時代の生き抜き方　47

今いるお客様を、感動させよう。

48

「幸せにもなりたい」というリーダーに、部下はついていかない。

「リーダーにもなりたいし、幸せにもなりたい」と言う人がいます。

この時点で、その人に部下がついていかないことがわかります。

いざという時に幸せをとって、リーダーでなくなるからです。

リーダーになるのは大変なことです。

ある意味、部下のために自分の幸せを放棄することになります。

私は消防大学校の幹部科クラスでリーダーを育てています。

生徒に対しては「リーダーほどつらいことはないから、したくない人は辞めてもいいです」と言っています。

ひたすら「あれはあれでよかったんだろうか」と悩み続けるのがリーダーの仕事です。

部下には嫌われます。

リーダーになってみんなから尊敬を集めることを目指すなら、ほかのことで尊敬を集めたほうがいいのです。

「どんなに嫌われても、どんなに文句を言われても、リーダーであるだけで幸せだ」というのが、本当にリーダーになりたいということです。

「リーダーにもなりたいし、幸せにもなりたい」と言う人は、幸せになる手段としてリーダーを選んでいます。

その人は、リーダーでなくても幸せになれればいいのです。

みんなの上に立って、威張って、尊敬されるのが好きで、ついでに幸せもと言っているだけなのです。

「私は本を書くのが好きです。どうしたらベストセラーが書けますか」という質問はおかしいのです。

その人は「書きたい」と「売れる」という2つのことを目指しています。

その人は、本を書くのが好きなのではなく、売れることが好きなのです。

instagramやYouTubeで、「みんなに見てもらうにはどうしたらいいですか」と考えた時点で違うのです。

そんなものは誰も見たくありません。

見られることは気にしないで面白い映像をつくっている人が、みんなに見てもらえるのです。

新しい時代の生き抜き方 48

見返りがなくても
幸せなことをしよう。

49 新しい仕事との出会いが、増えた。

自粛期間に入って、なくなった仕事もあります。

新しく生まれた仕事もたくさんあります。

ＡＩが出てきた時に、「ＡＩに仕事が奪われる」と言っている人がいました。

ＡＩでなくなる仕事もあれば、生まれる仕事もあるということを忘れています。

自分の仕事を奪われることばかり考えて、時代に合わせた仕事をつくり出そうとは考えていないのです。

あらゆるテクノロジーで、これが起こっています。

終戦の時に、それまで軍国主義だった時代に流行っていた仕事はなくなりました。

そのかわり、民主主義の時代に新しく必要になる仕事がたくさんできました。

明治維新や太平洋戦争の後には、たくさんの企業が生まれました。

どさくさの中から生まれた企業が、現在も日本を支えているのです。

電話機が生まれた時は、「対面の必要性がなくなって、営業マンの仕事がなくなる」と言われました。

実際は、電話でアポをとることで対面数は増えたのです。

リモートが出てきても、人との出会いがなくなることはありません。

電話の例でもわかるように、リモートが増えることによって、遠くの人とも対面で話す機会が増えます。

なくなる仕事をなくさないようにするよりも、新しい仕事をつくることを考えたほうがいいのです。

新しい時代の生き抜き方　49

なくなる仕事を追いかけるより、
新しい仕事をつくろう。

50 新しい仕事は、工夫をしないと勝てない。

レストランが営業自粛で、デリバリーが始まりました。

これは新しいチャンスです。

ただ、有名レストランがデリバリーを始めても、前からデリバリーをしていたところには勝てません。

前からデリバリーをしていたお店は、「冷めても、おいしい」のです。

デリバリーをしていなかったお店は、冷めたら超おいしくないのです。

それはデリバリーをなめています。

工夫が足りないのです。

「うちの料理はデリバリーするようなものじゃないから」と言いながらデリバリーを

するなら、それはお客様もなめています。

前からデリバリーをしているお店は、冷めてもおいしいように味のつけ方を工夫しています。

今まで目の前でお客様にコースで出していたお店は、温かいものを温かいうちに少しずつ出すことをベースにしていました。

その味付けをそのままデリバリーに使ってもうまくいきません。

そこを工夫することで新しい仕事を生み出すチャンスが生まれるのです。

新しい時代の生き抜き方　50

なめないで、工夫を学ぼう。

51 矛盾の中に、新しいチャンスがある。

感染者を増やさずに、経済活動を再開するというのは、矛盾です。

この矛盾の中に、チャンスがあるのです。

新しいビジネスは、整合性がある中では出てきません。


これはツアーコンダクターさんがよく知っています。

「ひとり旅がしたいけど、電車の手配とかホテルの手配はめんどくさいから、**ひとり旅のパックツアー**を組んでほしい」というニーズがあります。

「ひとり旅」と「パックツアー」は矛盾しています。

でも、これがホンネです。

そこで旅行代理店は、電車やバスの移動では隣の席を必ずあけて、ごはんを食べる時は前にも隣にも人がいない、現地では自由行動という企画をつくりました。

ごはんの予約はとってくれていて、そこに集まって、隣の人とも話をしないで食事をします。

みんなと一緒に何かすることはありません。

そういうツアーが大人気です。

「**脂身のないカルビが食べたい**」というのも矛盾です。

カルビは脂身でもっています。

それならロースを食べなさいという話です。

「ロースではなくカルビが食べたい。でも、カルビの脂身はヘルシーじゃないから心配だ」と言われたら、味はカルビで脂身がない肉を開発すればいいのです。

「**辛くないカレー**が食べたい」というのも、カレーは辛いのが味です。

「辛くないカレー」は矛盾です。

そこにビジネスチャンスがあるのです。

ニーズは、お客様の「エーッ、それって……」から生まれます。

「**イチゴが入っていないイチゴのショートケーキ**が食べたい」というオーダーがあったら、チャンスです。

イチゴが入っていなくてもイチゴの味がするとか、クリームがおいしいとか、いろいろな工夫を考え始めます。

矛盾の中にチャンスがあるのです。

新しい時代の生き抜き方　51

矛盾を楽しもう。

52 自発とは、「ここままじゃ面白くない」だ。受け身とは、「このままキープしたい」だ。

同じことをするなら、常に攻めていたほうがいいです。

同じ節約でも、「守りの節約」と「攻めの節約」があります。

イヤイヤするのは、受け身です。

守りの節約は、仕方なくイヤイヤしています。

攻めの節約は、「これは思い切ってやめよう」と、積極的にやめていきます。

節約は守りのようですが、攻めの節約もあるのです。

節約して、預金するのは「守りの節約」です。

節約して、勉強代に回すのは「攻めの節約」です。

守りと攻めは人間の生き方のベースにあることです。
「このままがいい」「元の状態に戻りたい」というのが受け身です。
「戻らなくていい」と思うのが自発です。
無人島に流れ着いた時に、「救出されたい」と思うのが受け身です。
「ここで一生暮らしたい」と思うのが自発なのです。

新しい時代の生き抜き方　52

守るより、攻めよう。

53 行動とは、イヤなことを避けることではない。したいことを選ぶことだ。

行動には、

① 嫌いなことを避けるために動く
② したいことをするために動く

という2つの行動方針があります。

今の仕事がイヤだから転職するのは、「嫌いなことを避けるため」に動いています。

ほかに何かしたいことがあって転職するのは、「したいことをするため」に動いています。

すべての行動の方針は、この2つです。

今していることがイヤだから辞める人は、次へ行ってもうまくいきません。

イヤなものから逃げ回っているだけで、好きなものにたどり着けないのです。

これが受け身です。

自発は「あれをしたいから、そこへ行く」ということです。

イヤなことは目に見えます。

したいことは、自分のイマジネーションを働かせなければ見つけられません。

嫌いなことを避ける生き方から、したいことをする生き方に変えることが大切なのです。

新しい時代の生き抜き方　53

イヤなことを避けるより、したいことをしよう。

54 アウトプットは、自発。リターンは、受け身。

「頑張ってYouTubeの動画をつくっているんですけど、再生回数が上がりません」

と言うのは、リターンとアウトプットを混同しています。

YouTubeの動画をつくるのはアウトプット、再生回数はリターンです。

アウトプットは他者の制限を受けません。

それに対して、リターンは他者が決めることなので自分では決められません。

YouTubeを始めても、再生回数が上がらないとやめてしまう人が多いのです。

その人は、そもそもYouTubeで発信することに興味がなかったのです。

ある有名人が、2000本目でやっと再生回数が上がったと言っていました。

そんな有名な人でも、2000本もの動画をつくらないと再生回数が上がらないのがYouTubeの世界です。

リターンを待たずにアウトプットし続けられることが、本当に好きなことです。

仕事はリターンを得ることではありません。

アウトプットし続けることが仕事です。

アウトプットといっても、書くこと、演奏すること、歌うことだけではありません。

知らない人に親切にするのも、アウトプットです。

自分が何か行動を起こせば、それがアウトプットになるのです。

「私は人に親切にするのが好きですが、なかなか見返りがありません」というのは、本当の親切とは言えません。

見返りを考えている時点で、その人の本当に好きなものは見返りなのです。

新しい時代の生き抜き方　54

リターンを待たずに、アウトプットしよう。

55 副業で成功する人は、その仕事の難しさを知っている人だ。

テレワークの時代になると、会社の給料は減ります。

そのかわり、副業の自由を与えます。

1社に勤め続けるのではなく、2つ以上の会社から給料を得ることができる時代になったのです。

今までの時代は、会社が給料を保証するかわりに副業禁止でした。

この時代が終わったのです。

会社の中で副業をされるのは会社としては困ります。

家の中で副業する分に関しては、会社の仕事さえしてくれたら問題ないのです。

ここで「あなたにも簡単に高収入が得られます」という誘いに乗って詐欺にかかる人がたくさん出てきます。

詐欺かどうかのわかれ目は、極めてあやふやです。

たとえば、「この商品を届けます」と言って、その商品が届かなかったら詐欺です。

「この株が上がります」と言われて買った株が上がらなくても詐欺ではありません。

株が来なければ詐欺ですが、株は手にしているのです。

「上がる株を教えてください」と言って、「これなんか上がりそうですよ」と言われます。

それを買うのは自己責任なので、詐欺とは呼べないのです。

副業で「成功する人」と「成功しない人」のわかれ目があります。

「この副業は難しいぞ」と思って始める人は成功します。

「この副業はおいしいぞ」と思って始めた人は失敗します。

「中谷さんはたくさん本を書いているからいいですよね。１冊書けばあとでラクラク印税が入ってくるじゃないですか。私も本を書きたいです」と、よく言われます。

この人に本を書くことの大変さをどんなに説明しても通じません。

一番いいのは自分で書いてみることです。

その仕事が難しいとわかっている人は、その仕事での成功に1歩近づいているのです。

新しい時代の生き抜き方　55

むずかしさを知って、
副業しよう。

56 ビュッフェが自粛になって、料理を説明する楽しみを知った。

感染予防のためにレストランやホテルからビュッフェがいったんなくなりました。

ビュッフェは待ち時間がないので、私も大好きでよく行っていました。

ビュッフェが「ワゴンサービス」として再開しました。

東京プリンスホテルの「ポルト」と新高輪プリンスホテルの「ザクロ」は、同じプリンスグループですが、ワゴンサービスの仕方がそれぞれ違います。

ワゴンサービスは、ワゴンが回ってきて、好きなものを頼みます。

私がよかったなと思うのは、ワゴンサービスになって働く人たちが生き生きしてきたことです。

自粛でできなかったのが再開できたからということもあります。

プリンスグループはビュッフェを完成させたグループです。

ビュッフェ自体は帝国ホテルが始めたのですが、スキー場でビュッフェを完成させたのがプリンスホテルです。

ビュッフェに関して完璧なノウハウを持っています。

若い社員は入社した時からビュッフェ形式だったので、お皿を下げることだけは、ひたすらうまくなりました。

ベテランの社員が「若い連中は、オーダーもとれなければ、料理の説明もできない」と、嘆いていました。

それはある意味、ビュッフェというスタイルを完成させてしまったからです。

完成したビジネスしか経験がないと、そのビジネスができなくなった時に一気に弱くなるのです。

ビュッフェができなくなったことで、ワゴンでお客様の目の前に行って、オーダーをとり、料理の説明をするようになりました。

それによって、**レストランで働くサービスマンとしての喜びを知る機会が生まれた**

のです。

前のビュッフェの時には、つい生き生き感が希薄になりがちでした。

最初にビュッフェをつくり上げた人は、生き生きと仕事をしていました。

誰かがつくった仕組みをそのまま踏襲することで、仕事の喜びを知るよりは効率で動いていく形になってしまったのです。

マスク越しですが、生き生きしているのがよくわかります。

ホールだけではなく、厨房のスタッフも出てきて料理の説明してくれます。

厨房のスタッフは料理は好きですが、そもそも人と話すのは苦手です。

その人たちが噛み噛みで説明する、その噛み噛み感がいいのです。

これからシェフになっていく中で、これはいい体験になります。

それまでは、ただお皿を下げるだけで、セルフに限りなく近いスタイルでした。

ビュッフェができなくなったことによって、本来の飲食のあり方を取り戻して、新しいサービス業のあり方を生み出していく可能性を感じます。

試行錯誤をしている時は、生き生きします。

でき上がったマニュアルをただ正確に再現するだけでは、何も生き生き感がないのです。

新しい時代の生き抜き方　56

マスク越しでも、生のサービスをしよう。

第6章

コミュニケーション術

57 他者を守ることが、自分を守ることだ。自分を守ることが、他者を守ることだ。

自粛期間で感じられたのは、「自分を守ること」と「他人を守ること」が実際は同じだということです。

「自分はどうなってもいい」と言う人は、結局、他人も守れません。

その人が夜に飲みに行って、ウイルスに感染します。

そのまま会社へ来て、ほかの社員や、その家族にまで伝染します。

そこにおじいちゃん、おばあちゃんもいて、重篤化させるのです。

それはすべて「自分はどうなってもいい」と言う人が会社帰りに飲みに行ったことから起こっています。

「自分だってたまには飲みに行きたい。自分はどうなってもいいけど、人は守るよ」

というのは成り立たないのです。


自分を守ることが他人を守ることです。

他人を守ることが自分を守ることです。

健康は、自分と他人は同じ船の上に乗っています。

「自分はどうなってもいい」という論理は成り立ちません。

自粛で、「自分を守ることが、他者を守ることになる」という考え方に気づけたのです。

新しい時代の生き抜き方　57

自分を守り、他者を守ろう。

58

悪者をつくっても、自分が正解になることはない。

ピンチが起こると、つい誰か悪者をつくります。

関東大震災では、誰かが井戸に毒を入れたというウワサが広まりました。

特に、今のネット社会は悪者に関する情報拡散が起こりがちです。

だから自粛警察が生まれたりするのです。

「総理大臣が悪い」と言うことによって、自分を正解にしていこうとします。

他者攻撃をすることによって、自分が正義になろうとするのです。

それでは正義にはなれません。

本当の正義は、他者攻撃をしないのです。

誰かが悪くてピンチが起こるのではありません。

不可抗力で起こっていることなので、みんなで乗り越えていけばいいのです。

他者攻撃の先に、自分が正義になることはありません。

正解と正義にしがみつく形は、結果として誰かを悪者にするという考え方になっていきます。

大切なのは、自分の非を認める姿勢、自分も聖人君子ではないことを認める姿勢をとることです。

「完璧な聖人」か「完璧な悪者」かという二元論の中に人間関係は生まれません。

すべての人にいいところがあり、すべての人に弱いところがあるという見方を持つことが大切なのです。

新しい時代の生き抜き方　58

他者攻撃をしない。

59 優しくされないのは、優しくされない行動をとっているからだ。

ピンチの時、人は「優しい人」と「優しくない人」とにわかれます。

ここにストレスが生まれるのです。

これは間違った二元論です。

「優しい人」と「優しくない人」がいるのではありません。

「優しくされる人」と「優しくされない人」がいるのです。

同じ人でも、Aさんには優しくて、Bさんには優しくないということがあります。

「所詮好き嫌いに決まっているじゃないですか」と言いますが、違います。

その人の立ち居振る舞いや普段の行いが、優しくされる行動かどうかでわかれるのです。

すべての人が、ある人には優しくして、ある人には優しくしないというふうに使いわけています。

ここでバランスをとるのです。

すべての人に優しくするのはマザー・テレサだけです。

普通の人はマザー・テレサではありません。

優しくされなかったとしたら、自分がその原因をつくっていると考えて、自分の行動を振り返ってみたほうがいいのです。

新しい時代の生き抜き方　59

優しくされるような
行動をとろう。

60 キッチンカーで成功する人は、先輩からアドバイスしてもらえるマナーのある人だ。

自粛期間は多くの飲食店が閉まりました。

働く人は、自宅で仕事をしていても食べるのが大変です。

キッチンカーの需要が増えています。

キッチンカーは初期投資が小さくて済みます。

「自分は料理が好きだし、キッチンカーならうまくいくだろうな」と思って始める人が多いのです。

うまくいく人はうまくいきますが、うまくいかない人は全然うまくいきません。

キッチンカーで成功する人としない人とにくっきりわかれるのです。

そのわかれ目は、キッチンカーの先輩にアドバイスしてもらえるかどうかです。

先輩は「これはもっとこうしたほうがいいよ」と、的確なアドバイスをしてくれます。

このアドバイスをして「もらえる人」と、「もらえない人」とがいるのです。

先輩がアドバイスするのは、キッチンカーの仕事をリスペクトしている人です。

「所詮レストランをできない人がしている仕事でしょう」「どうせほかの店は閉まっているから、黙っていてもお客様は買うだろう」と、なめてかかっている人にはアドバイスしないのです。

一生懸命で、お客様をリスペクトして、ビジネスを真剣に考えているのにうまくいっていない人は、かわいそうだから協力してあげたくなります。

教えたくなります。

ここで初めてアドバイスしてもらえる存在になるのです。

キッチンカーは周りのお店と競合するところで出すことは、まずありません。

キッチンカーにも何らかのマナーがあって、それを守れることが大切です。

ここでカレーが流行っているから自分もカレーを出そうというのは、マナー的におかしいのです。

先輩にかわいがってもらうといっても、こびへつらうことではありません。

新しいビジネスを始める時に、先輩に好かれてアドバイスしてもらえる人は、その仕事に対するリスペクトがある人です。

これはキッチンカーに限りません。

あらゆるビジネスの成功は、先輩に適切なアドバイスをしてもらえる存在になれるかどうかにかかっているのです。

新しい時代の生き抜き方　60

先輩から、アドバイスしてもらえるマナーを身につけよう。

第7章

勉強術

61 自分の未来を信じる人は、勉強する。自分の未来を信じる人は、人を助ける。

自粛で自宅待機が増えたことで、自由に使える時間が増えました。

この時間を「勉強」に使うか「飲み」に行くかでわかれるのです。

飲みに行く人の理論は、「どうせ今さら勉強しても自分の収入にはたいして関係がない。だったら勉強なんかしても損だ」という考え方です。

アルバイトの人が「店長がいない間はサボっとけばいいんだよ」と考えるのと同じです。

これは自分の未来を信じていません。

「勉強しようが一生懸命働こうが、自分の未来はたいして変わらない」と考えているのです。

一方で、勉強する人は「一生懸命勉強したら、自分の未来にチャンスがある」と考えます。

本を読むのは、本を読むことで自分の未来が変わるからです。

本を読まない人は、「本なんか読んでも自分の未来は変わりはしない。そんなものが1冊1500円は高い」と言うのです。

これが未来を信じているか信じていないかの差です。

自粛期間中に、社労士さんへの仕事が殺到しました。

仕事が殺到したので、需要と供給の関係で、手数料を上げる業者さんも出てきました。

ある社労士さんは、手間のかかる作業で、儲けにならなくても、親切に対応しました。

その結果、その社労士さんは、圧倒的にお客さんが増えました。

災害時の商店の対応も、わかれました。

① A店では、お客さんが殺到し、商品の値段を上げました。

② B店では、お客さんが殺到しても、定価で販売しました。

③　Ｃ店では、困っている時だからと、無料で配布しました。
災害が落ち着いた時、３つの店舗では、支持率が圧倒的に違いました。

自分の未来を信じるということは、見返りを信じるということではありません。
自分の未来を信じるということは、人を信じるということなのです。
人を信じる人が、自分の未来を信じます。
自分の未来を信じる人は、人を信じることができるのです。
未来を信じることが、一生懸命勉強や仕事をするモチベーションです。
それをしても決してムダにならないのです。

新しい時代の生き抜き方　61

自分の未来を、信じよう。

62 うまくいかない原因は、無知と緊張。無知は勉強で、緊張は体験で乗り越える。

感染症が広まる状況では、無知から疑心暗鬼が生まれます。

悪い情報を流して、最終的にはヘイトになり、「○○が悪い」「○○が広めている」という形になるのです。

これはすべて無知です。

不安も、無知から生まれます。

仕事がうまくいかないのも、無知から生まれます。

もう１つ、仕事がうまくいかない原因は、緊張です。

リモート会議で緊張してうまくいかないのです。

仕事がうまくいかない原因は、たった２つです。

無知と緊張です。

能力でも才能でも運でもありません。

原因がわかったら、今度は傾向と対策を考えます。

無知は勉強することで克服できます。

緊張は体験することで克服できます。

勉強と体験によって、無知と緊張を乗り越えていくことができるのです。

新しい時代の生き抜き方 62

勉強と体験を増やそう。

63 「わからない」のではない。わかろうとしていないだけだ。

「リモートでしましょう」と言われた時に、「いや、リモートはわからない」と言う人がいます。

「わからない」のではありません。

「わかろうとしていない」のです。

「わかろうとしていない」の本質は「わかりたくない」です。

リモートをすると、対面で会う時代に戻れなくなるからです。

新しいことをすると古いところに戻れなくなるということがベースにあります。

だから新しいことはわかりたくないのです。

わからないこと自体は、その人のマイナスにはなっていません。

「わかりたくない」というのが、その人の成長を阻む要因です。

わからないことは別に悪くないのです。


何がわからないか見つかることで、それを学ぶことができます。

わかろうとしていないことのほうが、はるかに未来の可能性がなくなってチャンスを失うのです。

上司が部下に説明する時も、「こいつ、完全にわかろうとしていないな」と思われた瞬間に何も教えてもらえなくなります。

今はわからなくても、わかろうとしていると感じたら、一生懸命その人に教えたくなるのです。


習いごとでも、「わかろう」として頑張っている生徒を先生は見捨てません。

わかろうとしていないと思われると、見捨てられます。

わかろうとしないことの根源は、「わかりたくない」です。

わかると変わらなければいけないし、正解を知らなければいけなくなります。

それに対する心理的抵抗感があるのです。
まずは、「わかりたくない」を抜け出すことから始まります。

新しい時代の生き抜き方　63

「わかりたくない」を抜け出そう。

64
素直な人は、教えてもらえる。素直とは、先入観にしがみつかないことだ。

勉強のコツは、先生に教えてもらえるような人になることです。

教えてもらえるのは、素直な人です。

素直な人は先入観にしがみついていません。

アドバイスをした時に多いのは、「でも、今までこう教わってきました」というリアクションです。

その人のキャッチフレーズは、「でも」です。

「でも」は教えている側が一番教えたくなくなる言葉です。

「だったら、そっちへ行けよ」と言いたくなります。

「これはどうしたらいいんですか」と聞かれて「こうしてみたら?」と言った時に、

「でも、○○さんがこう言ってました」と言うのです。

「どうせ『でも』と言うのなら、最初からその人に聞けよ。ほかの人に聞くなよ」と思います。

「でも」と言う人は、今までの自分にしがみついているのです。

「でも、親にこう教わりました」と言うのは、自分のせいではなく、親のせいにしています。

これがまだ大人になっていないということです。

「でも、今までの上司がこう言っていました」「でも、本にこう書いてありました」、すべて、でも、でも、でも……と言うのは、「私は悪くない」と泣き叫んでいる状態です。

「でも」にはその要素が入っているのです。

新しい時代の生き抜き方　64

「でも」と言わない。

65 やり方がわからないことは、教わる。

「リモートでしましょう」と言われた時に、「方法がわからない」と言う人がいます。

みんな最初はわからないのです。

私もわからないところから始めました。

新しいものを手に入れると、使い方がわからないのは当然です。

わからないから、教わるのです。

わからないことに対しては、一つも責められません。

それでも、なかなか「わからない」とは言えないのです。

「わからない」と言ったら負けだと思っているからです。

勉強に勝ち負けを持ち込んだ時点で、その人は下り坂です。

コミュニケーションに勝ち負けを持ち込むと、相手の話を聞かなくなります。

わからないから教わるのに、相手の話を聞かなくなって教われなくなるのです。

次に出てくるのが「教えてくれる人がいない」です。

それは教えてくれる人を探していないだけです。

家電量販店に行けば、店員さんが教えてくれます。

知り合いの中にも、詳しい人は必ずいます。

でも、その人に聞くのがしゃくなのです。

知り合いに詳しい人がいなくても、「すみません、教えてください」と、そこにいた人に教わればいいのです。

そうしたら、その人と知り合いになります。


人脈は、教わりながら広がります。

教わることで知識と人脈を得ることができるのです。

「教えてください」と言う人には「教わりたい」という意思があります。

これが勉強です。

勉強すればするほど、「もっと教えてください、もっと教えてください……」となっていきます。

これが勉強の成果です。

勉強していない人は「教えてほしい」という気持ちが湧きません。

「教えてほしい」と言ったら負けだと思っているのです。

「勉強」と「競争」は相反するところにあるのです。

新しい時代の生き抜き方　65

すべての人の弟子になろう。

66 結果にスランプはあるが、勉強にスランプはない

「勉強が最近スランプなんです」と言う人がいます。

実際は、勉強はインプットなのでスランプはないのです。

スランプがあるのは、リターン（結果）です。

「スランプなんです」というのは「結果が出ない」と言っているだけです。

結果を焦らず勉強することが大切です。

「勉強しているのに成績が上がらない。スランプだ」と言いますが、それは勉強のスランプではなく、結果のスランプです。

結果には、踊り場があります。

スポーツでも習いごとでも、踊り場は必ず出てきます。

踊り場は、スランプとは呼ばないのです。

アメリカでは奨学金が来る時にお手紙がついています。

「○○までに必ず返してください」と書かれているのかと思ったら、**「結果を焦らないでください」**と書いてあるのです。

これは奨学金の文言としては素晴らしいです。

返す側は急いで返さなければと思っています。

それを「私たちはあなたの成長を気長に待ちます。焦らないでください」と書いているのです。

これこそが奨学金の精神なのです。

リターンに惑わされず、インプットを淡々とできる人が、生き生きするのです。

新しい時代の生き抜き方　66

結果を焦らず、勉強しよう。

67 知識で負けているのではない。勉強で負けているだけだ。

「あの人は知識が多いから」と言う人がよくいます。
その言い方は、心の中で少し言い訳めいています。
「あの人は知識が多いから凄い」→「自分は知識が少ないから負けているだけだ」→
「だから私は悪くない」という思いが、どこかにあるのです。
「あの人」は知識が多いのではありません。
勉強しているのです。
たったそれだけのことです。
売れているキッチンカーも、勉強と体験をしているから売れているのです。
運でもないし、才能でもないのです。

「あの人は知識が多いから」と言った瞬間に、自分の言い訳になります。

勉強という原因の違いではなく、知識という結果の差をブツブツ言っているのです。


これが「差」と「違い」の違いです。

差は結果で、違いは原因です。

「あの人」と「自分」の原因の違いを詰めていくことが大切です。

あの人は英語ができる、あの人は仕事ができる、あの人は売上を上げているというのは、結果です。

結果よりも原因を見たほうがいいのです。

新しい時代の生き抜き方 67

結果の差よりも、原因の違いに気づこう。

68 勉強したくなるコツは、勉強している人を見ることだ。

勉強のモチベーションを上げるには、勉強している人のそばにいることです。

飛行機は、エコノミーよりもビジネスに乗ったほうが仕事がはかどります。

ビジネスに乗っている人は仕事をしています。

新幹線は、自由席よりもグリーン席のほうが勉強している人が多いです。

全員が全員ではありませんが、勉強している人がいるのです。

飛行機に乗った時に、行きで寝ようと思っていたのに、みんなが電気を消している中で、１人電気をつけて勉強している人がいました。

これで気持ちが高ぶります。

朝６時の始発の新幹線に乗る時は、大阪まで寝て行きたいのに、そこで仕事をしている人がいると、高ぶって寝られないのです。

進学校でみんなが勉強するのは、勉強している人に影響を受けるからです。

休み時間に遊んでいる人は１人もいません。

授業中より高度な話をして、先生の話より難しい本を読んでいます。

休み時間のほうがレベルが高いのです。

これが勉強している人のそばにいることの大切さです。

勉強のモチベーションは、勉強している人のそばにいるだけで勝手に上がっていくのです。

新しい時代の生き抜き方 68

勉強している人のそばにいよう。

69
恐れは、無知から生まれる。未知に間違い、気づくことで恐れなくなる。

恐れは、無知から生まれます。
不安も、無知から生まれます。
知らないだけなのです。
特に、感染症に関しては、いろいろ情報が飛び交います。
ネットの中は、シロウトが発信している未確認の都市伝説が溢れています。
そこで不安をあおられるのは、無知です。
未知のものは、間違います。
それでいいのです。

大切なのは、間違いから気づきを得ることです。

そうすれば恐れから解放されます。


気づきを得られるかどうかが、大きなわかれ目です。

「失敗をたくさんすればいいんでしょう」と言って、失敗しても一つも気づかないで学習しない人がよくいます。

気づきの定義を間違っていると、気づくことはできません。

気づきとは、自分で気づくことです。

学校の勉強は、間違った時に誰かが教えてくれます。

社会でそれを待っていると、しくじります。

学校では「あなたはここが間違っている」と教えてくれます。

社会では、その人から離れていくだけで、教えてくれないのです。

なぜみんなが離れていったのか、それは自分で気づくしかありません。

たとえば、マスクから鼻を出していたら、周りの人が離れていきます。

学校なら先生が注意してくれますが、社会では誰も注意してくれません。
人が離れていったのは嫌われているからではないのです。
自分で気づかなければ成長はないのです。
失敗をたくさんすれば成長するわけではありません。
失敗から気づいた時に、初めて成長します。

新しい時代の生き抜き方　69

間違っていいから、気づこう。

70 トラブルは、神様からのラブレターだ。

トラブルは、今まで気づかなかったことに気づかせてくれるチャンスです。

トラブルは、神様がくれたラブレターです。

「こういうチャンスがあるけど、どうですか」と、示してくれているのです。

そこで気づく人と気づかない人に大きくわかれます。

与えられたチャンスを生かせるかどうかは自分次第です。

リモートの時代に、文句ばかり言って終わるか、リモートに挑戦してみるかです。

「始めてみると意外に楽しいな。**なんでもっと早くに始めなかったんだろう**」というのが気づきです。

そう思った瞬間、その人はワンステージ上がります。

文句ばかり言っている人、誰かのせいにしたり、誰かになんとかしてもらおうとする人は、せっかく神様からもらったラブレターを生かし切れていないのです。

生きている間に生まれ変われるチャンスは、そうそう多くはありません。
それが今、私たちは人生を未来へ飛ばすことができたのです。
時代は100年進みました。
未来へタイムスリップしたのと同じぐらいの現象が起こっているのです。
われわれは明治時代に最初に海外視察に行った人たちと同じ体験をしています。
これを生かさない手はないのです。
今日という日は、チャンスの一日なのです。

新しい時代の生き抜き方　70

トラブルをキッカケに、
生まれ変わろう。

【ユサブル】
『迷った時、「答え」は歴史の中にある。』
『1秒で刺さる書き方』

【大和出版】
『自己演出力』
『一流の準備力』

【海竜社】
『昨日より強い自分を引き出す61の方法』
『一流のストレス』

【リンデン舎】
『状況は、自分が思うほど悪くない。』
『速いミスは、許される。』

【文芸社】
文庫『全力で、1ミリ進もう。』
文庫『贅沢なキスをしよう。』

【総合法令出版】
『「気がきくね」と言われる人の
シンプルな法則』
『伝説のホストに学ぶ82の成功法則』

【サンクチュアリ出版】
『転職先はわたしの会社』
『壁に当たるのは気モチイイ 人生もエッチも』

【青春出版社】
『50代から成功する人の無意識の習慣』
『いくつになっても「求められる人」の
小さな習慣』

【自由国民社】
『君がイキイキしていると、僕はうれしい。』

【WAVE出版】
『リアクションを制する者が20代を制する。』

【秀和システム】
『人とは違う生き方をしよう。』

【河出書房新社】
『成功する人は、教わり方が違う。』

【二見書房】
文庫『「お金持ち」の時間術』

【ミライカナイブックス】
『名前を聞く前に、キスをしよう。』

【イースト・プレス】
文庫『なぜかモテる人がしている42のこと』

【第三文明社】
『仕事は、最高に楽しい。』

【日本経済新聞出版社】
『会社で自由に生きる法』

【講談社】
文庫『なぜ あの人は強いのか』

【アクセス・パブリッシング】
『大人になってからもう一度受けたい
コミュニケーションの授業』

【阪急コミュニケーションズ】
『サクセス&ハッピーになる50の方法』

【きこ書房】
『大人の教科書』

中谷彰宏　主な作品一覧

【ぱる出版】
『粋な人、野暮な人。』
『品のある稼ぎ方・使い方』
『察する人、間の悪い人。』
『選ばれる人、選ばれない人。』
『一流のウソは、人を幸せにする。』
『なぜ、あの人は「本番」に強いのか』
『セクシーな男、男前な女。』
『運のある人、運のない人』
『器の大きい人、器の小さい人』
『品のある人、品のない人』

【学研プラス】
『読む本で、人生が変わる。』
『なぜあの人は感じがいいのか。』
『頑張らない人は、うまくいく。』
文庫『見た目を磨く人は、うまくいく。』
『セクシーな人は、うまくいく。』
文庫『片づけられる人は、うまくいく。』
『美人力』（ハンディ版）
文庫『怒らない人は、うまくいく。』
文庫『すぐやる人は、うまくいく。』

【ファーストプレス】
『「超一流」の会話術』
『「超一流」の分析力』
『「超一流」の構想術』
『「超一流」の整理術』
『「超一流」の時間術』
『「超一流」の行動術』
『「超一流」の勉強法』
『「超一流」の仕事術』

【水王舎】
『なぜ美術館に通う人は「気品」があるのか。』
『なぜあの人は「美意識」があるのか。』
『なぜあの人は「教養」があるのか。』
『結果を出す人の話し方』
『「人脈」を「お金」にかえる勉強』
『「学び」を「お金」にかえる勉強』

【あさ出版】
『孤独が人生を豊かにする』
『気まずくならない雑談力』
『「いつまでもクヨクヨしたくない」とき読む本』
『「イライラしてるな」と思ったとき読む本』
『なぜあの人は会話がつづくのか』

【すばる舎リンケージ】
『仕事が速い人が無意識にしている工夫』
『好かれる人が無意識にしている文章の書き方』
『好かれる人が無意識にしている言葉の選び方』
『好かれる人が無意識にしている気の使い方』

【日本実業出版社】
『出会いに恵まれる女性がしている63のこと』
『凛とした女性がしている63のこと』
『一流の人が言わない50のこと』
『一流の男 一流の風格』

【現代書林】
『チャンスは「ムダなこと」から生まれる。』
『お金の不安がなくなる60の方法』
『なぜあの人には「大人の色気」があるのか』

【毎日新聞出版】
『あなたのまわりに「いいこと」が起きる70の言葉』
『なぜあの人は心が折れないのか』
『一流のナンバー２』

【ぜんにち出版】
『リーダーの条件』
『モテるオヤジの作法２』
『かわいげのある女』

【DHC】
ポストカード『会う人みんな神さま』
書画集『会う人みんな神さま』
『あと「ひとこと」の英会話』

【青春出版社】
『50代から成功する人の無意識の習慣』
『いくつになっても「求められる人」の小さな習慣』

【きずな出版】
『チャンスをつかめる人のビジネスマナー』
『生きる誘惑』
『しがみつかない大人になる63の方法』
『「理不尽」が多い人ほど、強くなる。』
『グズグズしない人の61の習慣』
『イライラしない人の63の習慣』
『悩まない人の63の習慣』
『いい女は「涙を背に流し、微笑みを抱く男」とつきあう。』
『ファーストクラスに乗る人の自己投資』
『いい女は「紳士」とつきあう。』
『ファーストクラスに乗る人の発想』
『いい女は「言いなりになりたい男」とつきあう。』
『ファーストクラスに乗る人の人間関係』
『いい女は「変身させてくれる男」とつきあう。』
『ファーストクラスに乗る人の人脈』
『ファーストクラスに乗る人のお金2』
『ファーストクラスに乗る人の仕事』
『ファーストクラスに乗る人の教育』
『ファーストクラスに乗る人の勉強』
『ファーストクラスに乗る人のお金』
『ファーストクラスに乗る人のノート』
『ギリギリセーーフ』

【PHP研究所】
文庫『自己肯定感が一瞬で上がる63の方法』
『定年前に生まれ変わろう』
『なぜあの人は、しなやかで強いのか』
『メンタルが強くなる60のルーティン』
『なぜランチタイムに本を読む人は、成功するのか。』
『中学時代にガンバれる40の言葉』
『中学時代がハッピーになる30のこと』
『もう一度会いたくなる人の聞く力』
『14歳からの人生哲学』
『受験生すぐにできる50のこと』
『高校受験すぐにできる40のこと』
『ほんのささいなことに、恋の幸せがある。』
『高校時代にしておく50のこと』
文庫『お金持ちは、お札の向きがそろっている。』
『仕事の極め方』
『中学時代にしておく50のこと』
文庫『たった3分で愛される人になる』
『【図解】「できる人」のスピード整理術』
『【図解】「できる人」の時間活用ノート』
文庫『自分で考える人が成功する』
文庫『入社3年目までに勝負がつく77の法則』

【大和書房】
『大人の男の身だしなみ』
文庫『今日から「印象美人」』
文庫『いい女のしぐさ』
文庫『美人は、片づけから。』
文庫『いい女の話し方』
文庫『「つらいな」と思ったとき読む本』
文庫『27歳からのいい女養成講座』
文庫『なぜか「HAPPY」な女性の習慣』
文庫『なぜか「美人」に見える女性の習慣』
文庫『いい女の教科書』
文庫『いい女恋愛塾』
文庫『「女を楽しませる」ことが男の最高の仕事。』
文庫『いい女練習帳』
文庫『男は女で修行する。』

【リベラル社】
『哲学の話』
『1分で伝える力』
『「また会いたい」と思われる人「二度目はない」と思われる人』
『モチベーションの強化書』
『50代がもっともっと楽しくなる方法』
『40代がもっと楽しくなる方法』
『30代が楽しくなる方法』
『チャンスをつかむ 超会話術』
『自分を変える 超時間術』
『問題解決のコツ』
『リーダーの技術』
『一流の話し方』
『一流のお金の生み出し方』
『一流の思考の作り方』

中谷彰宏　主な作品一覧

【ダイヤモンド社】

『60代でしなければならない50のこと』
『面接の達人 バイブル版』
『なぜあの人は感情的にならないのか』
『50代でしなければならない55のこと』
『なぜあの人の話は楽しいのか』
『なぜあの人はすぐやるのか』
『なぜあの人は逆境に強いのか』
『なぜあの人の話に納得してしまうのか[新版]』
『なぜあの人は勉強が続くのか』
『なぜあの人は仕事ができるのか』
『25歳までにしなければならない59のこと』
『なぜあの人は整理がうまいのか』
『なぜあの人はいつもやる気があるのか』
『なぜあのリーダーに人はついていくのか』
『大人のマナー』
『プラス1％の企画力』
『なぜあの人は人前で話すのがうまいのか』
『あなたが「あなた」を超えるとき』
『中谷彰宏金言集』
『こんな上司に叱られたい。』
『フォローの達人』
『「キレない力」を作る50の方法』
『女性に尊敬されるリーダーが、成功する。』
『30代で出会わなければならない50人』
『20代で出会わなければならない50人』
『就活時代しなければならない50のこと』
『あせらず、止まらず、退かず。』
『お客様を育てるサービス』
『あの人の下なら、「やる気」が出る。』
『なくてはならない人になる』
『人のために何ができるか』
『キャパのある人が、成功する。』
『時間をプレゼントする人が、成功する。』
『明日がワクワクする50の方法』
『ターニングポイントに立つ君に』
『空気を読める人が、成功する。』
『整理力を高める50の方法』
『迷いを断ち切る50の方法』
『なぜあの人は10歳若く見えるのか』
『初対面で好かれる60の話し方』
『成功体質になる50の方法』
『運が開ける接客術』
『運のいい人に好かれる50の方法』
『本番力を高める57の方法』
『運が開ける勉強法』
『バランス力のある人が、成功する。』
『ラスト3分に強くなる50の方法』
『逆転力を高める50の方法』
『最初の3年その他大勢から抜け出す50の方法』
『ドタン場に強くなる50の方法』
『アイデアが止まらなくなる50の方法』
『思い出した夢は、実現する。』
『メンタル力で逆転する50の方法』
『自分力を高めるヒント』
『なぜあの人はストレスに強いのか』
『面白くなければカッコよくない』
『たった一言で生まれ変わる』
『スピード自己実現』
『スピード開運術』
『スピード問題解決』
『スピード危機管理』
『一流の勉強術』
『スピード意識改革』
『お客様のファンになろう』
『20代自分らしく生きる45の方法』
『なぜあの人は問題解決がうまいのか』
『しびれるサービス』
『大人のスピード説得術』
『お客様に学ぶサービス勉強法』
『スピード人脈術』
『スピードサービス』
『スピード成功の方程式』
『スピードリーダーシップ』
『出会いにひとつのムダもない』
『なぜあの人は気がきくのか』
『お客様にしなければならない50のこと』
『大人になる前にしなければならない50のこと』
『なぜあの人はお客さんに好かれるのか』
『会社で教えてくれない50のこと』
『なぜあの人は時間を創り出せるのか』
『なぜあの人は運が強いのか』
『20代でしなければならない50のこと』
『なぜあの人はプレッシャーに強いのか』
『大学時代しなければならない50のこと』
『あなたに起こることはすべて正しい』

著者略歴

中谷 彰宏（なかたに あきひろ）

1959年、大阪府生まれ。早稲田大学第一文学部演劇科卒。博報堂に入社し、8年間のCMプランナーを経て、91年、独立し、株式会社中谷彰宏事務所を設立。人生論、ビジネスから恋愛エッセイ、小説まで、多くのロングセラー、ベストセラーを送り出す。中谷塾を主宰し、全国で講演活動を行っている。

※本の感想など、どんなことでもお手紙を楽しみにしています。
他の人に読まれることはありません。**僕は本気で読みます。**

中谷彰宏

〒460-0008　名古屋市中区栄3-7-9 新鏡栄ビル8F　株式会社リベラル社　編集部気付
中谷彰宏　行

※食品、現金、切手等の同封はご遠慮ください（リベラル社）

［中谷彰宏　公式サイト］ https://an-web.com

中谷彰宏は、盲導犬育成事業に賛同し、この本の印税の一部を（公財）日本盲導犬協会に寄付しています。

装丁デザイン　菊池祐
本文デザイン　渡辺靖子（リベラル社）
編集　安田卓馬（リベラル社）
編集人　伊藤光恵（リベラル社）
営業　大野勝司（リベラル社）

編集部　堀友香・山田吉之・水戸志保
営業部　津村卓・津田滋春・廣田修・青木ちはる・澤順二・竹本健志・春日井ゆき恵
制作・営業コーディネーター　仲野進

コロナ時代をチャンスに変える **新しい仕事術**

2020年10月25日　初版

著　者　中谷彰宏
発行者　隅田直樹
発行所　株式会社 リベラル社
〒460-0008 名古屋市中区栄3-7-9 新鏡栄ビル8F
TEL 052-261-9101　FAX 052-261-9134
http://liberalsya.com
発　売　株式会社 星雲社（共同出版社・流通責任出版社）
〒112-0005 東京都文京区水道1-3-30
TEL 03-3868-3275

 ISBN978-4-434-28071-9